Georg Eckert

Die Privatanlegerbibel

TITEL DER SIMPLIFIED-BUCHREIHE

Matthias von Arnim
Erfolgreich mit Aktien – simplified

Herbert Autengruber
Aktienfonds für jedes Anlageziel – simplified

Holger Bengs, Mike Bayer
Investieren in Biotechnologie – simplified

Lawrence A. Cunningham
Value Investing – simplified

Pierre M. Daeubner
Alles, was Sie über Technische Analyse wissen müssen – simplified

Ed Downs
Die besten Chartmuster – simplified

Christian Eck/Marcel Langer/Matthias Riechert
Eurex – simplified

Heinrich Eibl
ETFs – simplified

Horst Fugger
Börsen-Lexikon – simplified

Markus Gunter
Erfolgreich mit Investmentfonds – simplified

Walter Hubel
Mehr Geld im Alter – simplified

Markus Jordan
Zertifikate – simplified

Jay Kaeppel
Die 4 größten Fehler beim Handel mit Optionen – simplified

Dennis Metz
Devisenhandel – simplified

Markus Miller
Abgeltungssteuer – nein danke! – simplified

David Morgan
Insiderwissen: Silber – simplified

John J. Murphy
Charttechnik leicht gemacht – simplified

Oliver Paesler
Technische Indikatoren – simplified

Melvin Pasternak
Die 21 wichtigsten Candlestick-Formationen – simplified

Richard Pfadenhauer
Alles, was Sie über Derivate wissen müssen – simplified

Michael J. Plos
Daytrading – simplified

Georg Pröbstl
Die besten Dividendenstrategien – simplified

Michael Proffe
Die besten Trendfolgestrategien – simplified

Stefan Riße
CFDs – simplified

Raimund Schriek
Besser mit Behavioral Finance – simplified

Holger Scholze
Hebelprodukte – simplified

Norman Schwarze
Investieren in Gold – simplified

Martin Voigtmann
Geschlossene Fonds – simplified

Mikael Henrik von Nauckhoff
Sicher mit Anlagemetallen – simplified

Harald Weygand
Short-Selling – simplified

Georg Eckert

DIE PRIVATANLEGER BIBEL

FinanzBuch Verlag

simplified

Satz: HJR, Jürgen Echter, Landsberg
Druck: Konrad Triltsch, Ochsenfurt

1. Auflage 2010

Nymphenburger Straße 86
80636 München
Tel.: 089 651285-0
Fax: 089 652096

Den Autor erreichen Sie unter:
eckert@finanzbuchverlag.de

Bibliografische Information der Deutschen Nationalbibliothek: Die Deutsche Nationalbibliothek verzeichnet diese Publikation in der Deutschen Nationalbibliografie; detaillierte bibliografische Daten sind im Internet über **http://d-nb.de** abrufbar.

ISBN: 978-3-89879-613-2

simplified

Inhaltsverzeichnis

VORWORT 9

1 GRUNDSÄTZLICHES 17

Warum Sie sich mit der Börse beschäftigen sollten 17

Welche Ziele sind Ihnen wichtig? 28

Welcher Anlegertyp sind Sie? 29

Einstellungssache! 33

Welche Regionen? 36

Welche Branchen? 40

Zeithorizont 45

Altersvorsorge 48

Steuern 51

Steuermodelle 53

Verschuldung 55

2 INFORMATIONEN UND INFORMANTEN 59

Die Informationsflut 59

Bankberater 61

Börsenprognosen 63

Analysten 65

Bücher ... 68

Börsensprüche ... 73

3 BÖRSENSTRATEGIEN ... 81

Diversifizierung ... 81

Anfängerfehler ... 83

Nicht Kurse, sondern Firmen im Fokus ... 85

Stop-Loss ... 87

Absicherungen ... 88

Börsencrash ... 89

Börsenpsychologie ... 96

Börsenzyklen ... 100

Japanische Verhältnisse ... 104

Fait accompli ... 105

Turn-around-Situationen ... 107

Generelle Struktur eines Portfolios ... 108

Große oder kleine Firmen kaufen? ... 112

Moderne Portfoliotheorie ... 114

Anlagestrategie ... 118

Kennziffern ... 121

Wertpapierkredite ... 124

Eine Auswahl empfehlenswerter Firmen und Branchen ... 125

Allgemeine Überlegungen zur Depotstruktur ... 148

4 ANLAGEFORMEN 159

Aktienfonds 159

Indexfonds 165

Aktienanleihen – Derivate – Carry Trades 173

Immobilien 176

Lebensversicherungen 181

Aufteilung Aktien und Anleihen 182

Ökoinvestments 183

Neuemissionen 184

Sparpläne 186

Dividenden 187

Rendite und Risiko 190

SCHLUSSWORT 195

STICHWORTVERZEICHNIS 201

ÜBER DEN AUTOR 205

simplified

Vorwort

Warum noch ein Börsenbuch schreiben? Es gibt doch schon so viele!

Mir ist keines bekannt, das sich mit den speziellen Fragen und der besonderen Situation eines Privatanlegers auseinandersetzt und von einem Privatanleger geschrieben ist. Einsteigerbücher für Börsenneulinge und Ähnliches will ich Ihnen gar nicht zumuten. Als Privatanleger sind Sie in einer Situation, in der Sie für manche willkommene Beute sind, weil man Ihnen nicht allzu viel Expertise zutraut. Ähnlich wie sich Menschen in einer gotischen Kathedrale klein und unbedeutend vorkommen, wird der Privatanleger mit einem Anlageuniversum konfrontiert, auf dass er sich in die Hände von Experten flüchte. Was aber, wenn sich herausstellt, dass auch die Experten den Stein der Weisen oder die Quelle des Reichtums bislang nicht gefunden haben?

Auch Experten haben die Immobilien-, Finanz- und Wirtschaftskrise nicht deutlich genug kommen sehen – abgesehen von den Dauerpessimisten, die so oft recht haben wie eine stehen gebliebene Uhr, die auch zweimal am Tag die richtige Zeit anzeigt.

Es sollte einmal klargestellt und deutlich gemacht werden, dass »der Privatanleger« am besten selbst seine Interessen vertritt – wobei er allerdings gut beraten ist, wenn er einige Grundkenntnisse und Überlegungen verinnerlicht hat.

Der Terminkalender von jungen Leuten ist regelmäßig noch dichter gefüllt als der von älteren Menschen. Dem Älteren wird zugebilligt, dass er sich Zeit zum Nachdenken nehmen darf. Als junger Mann oder junge Frau im Beruf muss eine Aufbauphase bewältigt werden, daneben ist die Familie wichtig. Viele Dinge müssen gleichzeitig erledigt werden. Trotzdem oder gerade deswegen ist das auch die wichtigste Zeit für den Vermögensaufbau. Es wäre katastrophal, wenn man sich die Effekte von Zins und Zinseszins nicht zunutze machen würde. Fehler sind im Anlagebereich nicht zu vermeiden. Aber gerade für Junganleger gilt in besonderem Maße, dass die Zeit viele Fehler heilt.

Im Laufe Ihres Lebens werden Sie vielen Beratern und selbst ernannten Experten begegnen, die Sie alle reich machen wollen. Wären sie selbst erfolgreich, müssten sie möglicherweise ihre Dienste nicht so lautstark anbieten. Unter diesen Fachleuten mag es welche geben, die auf ihrem Gebiet kompetent sind, aber eben ganz vorwiegend auf ihrem Gebiet. Und Ihre Situation ist wahrscheinlich eine ganz andere. Sie benötigen eine auf Sie zugeschnittene Lösung. Ich würde gern zu Ihrer Kompetenz beitragen, damit Sie Ihre Anlageentscheidungen höchstpersönlich treffen können.

Warum nehme ich mir überhaupt die Freiheit heraus, ein Buch zum Thema Geldanlage zuschreiben? Tatsächlich gibt es im Anlageuniversum Experten, die diesen Sektor wesentlich besser verstehen: Ein Experte ist ein Mensch, der von sehr wenig sehr viel weiß. Ihr Problem ist allerdings gegenteiliger Natur: Unter einer Unzahl von Angeboten müssen Sie bestimmte auswählen, und wenn Fragen übrig bleiben, dann sollten Sie dem besten Experten die richtigen Fragen stellen können. Sie sollten sich fachkundig beraten lassen, aber Sie müssen das Thema vorgeben und Sie allein treffen die letzten Entscheidungen!

Die Legitimation der meisten, die etwas zum Thema Geldanlage schreiben, besteht darin, dass sie eine berufliche Affinität mitbringen. Die Situation eines privaten Anlegers ist eine andere. Mir ist wenig bekannt, was aus der Perspektive des privaten Anlegers geschrieben ist, vieles ist dagegen *für ihn* geschrieben. Über diese spezielle Sichtweise des Privatanlegers und wie man hier sehr erfolgreich agieren kann, darüber will ich als Privatanleger etwas (wenig genug) schreiben.

Ich möchte Sie auf den nachfolgenden Seiten davon überzeugen, dass Sie mit erstaunlich wenig Aufwand sehr viel erreichen können. Wollen Sie aber deutlich mehr, müssen Sie wie bei einer guten Musikanlage für mehr Rendite deutlich mehr Engagement und Arbeit einbringen.

Wenn man sich mehr als 40 Jahre mit der Börse beschäftigt, weiß man immer noch nicht, wie sie morgen steht. Aber man weiß, wie sich einige typische Fehler vermeiden lassen. Von mir selbst muss ich sagen, dass ich in jungen Jahren nur wenige Fehler ausgelassen habe. Das Alter mag Nachteile mit sich bringen, aber das Talent des klugen Investierens wird mit den Jahren und zunehmendem Alter besser, es gibt die sprichwörtlichen »alten Füchse«, denen man nicht mehr allzuviel vormachen kann – denken wir nur an Investorenlegenden wie Warren Buffett, Charles Munger, George Soros, John Templeton, Peter Lynch, Ken Fisher und vor allem an André Kostolany, der es geschafft hat, Börsenmaterie spannend und vergnüglich aufzubereiten.

Fehler sind nicht schlimm, wir können von ihnen erheblich profitieren, wenn wir bereit sind, aus ihnen zu lernen. Eine meiner wichtigsten Erkenntnisse der vergangenen Jahrzehnte besteht darin, dass sich der Privatanleger im Vergleich zu »Professionellen« keineswegs im Nachteil befindet. Ganz im Gegenteil vertrete ich leidenschaftlich die Ansicht, dass der Privatanleger immer dann sehr gut fährt, wenn er sich innerhalb seiner Grenzen bewegt. Bei entsprechender Strategie kann er die Profis sogar schlagen! So besteht ein gewaltiger Vorteil für den Privatanleger darin, dass er viel unabhängiger entscheiden kann, dass er Durststrecken aussitzen darf und im Gegensatz zu den Profis viel langfristiger denken darf.

Diese Grenzen auszuloten verstehe ich als Aufgabe für dieses kleine Buch. Es hat seinen Sinn schon dann erfüllt, wenn nur einige Fehler vermieden werden können. Fehler kommen unweigerlich vor. Ärgerlich und unnötig ist es aber, wenn die gleichen Fehler immer wieder begangen werden anstatt aus ihnen zu lernen.

Ich bedanke mich bei meinen Söhnen C. und T. Durch die jahrelangen Diskussionen mit ihnen und aus ihren kritischen Fragen habe ich möglicherweise mehr gelernt, als ich ihnen geben konnte, ebenso bei meiner Frau, die mir den zeitlichen Aufwand für dieses kleine Buch nachgesehen hat.

Bei Markus, einem Freund meiner Söhne, bedanke ich mich für ein kleines Vermögen: Bei einem Winterspaziergang vor einiger Zeit sprachen wir ausführlich über Öltitel. Als seinerzeit der Ölpreis tief und sämtliche Lager voll waren und die Welt in Öl ertrank, gewannen wir die Auffassung, dass all diese Gesichtspunkte »eingepreist« waren, und tätigten ein

Engagement in der sicheren Überzeugung, dass auch dieses Szenario sich ändern wurde, was auch ein Jahr später der Fall war.

Zum heutigen Zeitpunkt, also Ende 2010, haben wir nach einem Ölpreisboom, bei dem der Preis für ein Barrel über 150 Dollar anstieg, aufgrund der Wirtschaftskrise erneut einen günstigen Ölpreis. Bei anziehender Konjunktur wird sich dies ändern. Ken Fisher, einer der weltgrößten Vermögensverwalter, sprach sinngemäß davon, dass wir für einen hohen Ölpreis beten sollten, weil das Ausdruck einer gesunden und rund laufenden Wirtschaft sei. Dagegen kann bei tiefen Preisen eine antizyklische Investition überlegt werden. Die Angst vor hohen Ölpreisen ist unbegründet, weil bei hohen Preisen Ersatztechnologien geschaffen werden, die sich günstig auf die Wirtschaft auswirken könnten. Das Mantra »Hoher Ölpreis knebelt die Wirtschaft« ist in dieser Form nicht zutreffend.

Eine taoistische Weisheit (Po Chü-i, 772 – 846) möchte ich den nachfolgenden Ausführungen voranstellen:

»Die da reden, wissen von nichts.

Die da wissen, bewahren das Schweigen.

Es heißt, dass diesen Ausspruch

Laotse einst getan.

Sollen wir glauben, dass Laotse

selber ein Wissender war,

wie kommt es dann, dass er ein Werk

von fünftausend Worten verfasste?«

Dieses Zitat fällt mir spontan ein, wenn ich einen Berg an Börsenliteratur sichte und immer wieder betrübt feststellen muss, dass erstaunlich wenig Regeln »zum Anfassen« und zur unmittelbaren Umsetzung erkennbar sind. Entsprechend dieser Weisheit werde ich alles daransetzen, mich auf

»Wesentliches« zu beschränken, viel Theorie anderen überlassen und für das »Hier und Jetzt« Überlegungen anstellen, die sich bei Bedarf unmittelbar umsetzen lassen. Da Sie nicht daran vorbeikommen, viele Überlegungen konkret umzusetzen, werde ich möglichst viele Beispiele aus der Praxis anführen. Immer dann, wenn meine Söhne »Handlungsbedarf und Anlagebedarf« anmeldeten, konnte ich nicht mit »verschwurbelten« Theorien antworten, sondern musste konkrete Hinweise und Empfehlungen aussprechen. Diese Empfehlungen kamen dann immer wieder auf den Prüfstand!

Tatsächlich enthalten viele dicke Bücher reichlich Informationsmüll und viele Nebensächlichkeiten. Anstatt ein dickes Buch zu lesen, ist es wesentlich klüger, Wissen bei Bedarf abzurufen und über manche Dinge etwas mehr nachzudenken. Wir haben zurzeit das Problem, dass sich eine Datenflut über uns ergießt – im Gegensatz zu früheren Zeiten stehen wir heute der Notwendigkeit einer kritischen Selektion gegenüber.

Meine Aufgabe sehe ich darin, den Privatanleger mit begrenzten zeitlichen Möglichkeiten und ohne spezielle berufliche Vorbildung in die Lage zu versetzen, eine gute Performance zu erbringen, wobei seriöse Berater nicht diskreditiert werden sollen. Es ist aber immer abzuklären, welche Interessenlage diese vertreten.

Als Privatanleger sind wir eine überschaubare und homogene Gruppe, ich erlaube mir daher eine persönliche Anrede – auch deswegen, weil wir uns alle in einer sehr vergleichbaren Situation befinden. Es gibt erstaunlich wenig Mitmenschen, mit denen wir vertrauensvoll über eine solide, anständige Geldanlage reden können, wenn sich diese Situation stellt. Bei vielen Mitmenschen wollen wir keinen Neid erzeugen. Bankberater dagegen sind – sehr freundlich gesprochen – oft parteiisch und empfehlen ihre Hausprodukte, für die sie meist Provision erhalten. Angesprochen werden sollen daher vor allem Privatanleger, deren Zeit knapp ist und die trotzdem ihre Vermögensgeschäfte, besonders im Aktienbereich, nicht aus der Hand geben wollen – eine sicher gewinnbringende Entscheidung.

Wer immer den Aktienmarkt als unsichere Angelegenheit ansieht, muss sich der Tatsache bewusst sein, dass andere Anlageklassen und auch die staatlichen Sicherungssysteme eher noch wackliger sind. Eine gesunde und erfolgreiche Vorsorge muss in sehr jungen Jahren beginnen, am besten schon in der Schulzeit, damit Ihr wichtigster Verbündeter, die Zeit, für Sie ausreichend lange arbeiten kann! Wenn Sie sich möglichst frühzeitig mit der Börse befassen, werden Sie sehr schnell merken, dass Geschehnisse auf der ganzen Welt plötzlich eine enorme Bedeutung bekommen und in Ihre Überlegungen miteinbezogen werden müssen: Wenn zum Beispiel die USA und Russland einen Freundschaftspakt schließen, können Sie daraus ableiten, dass die Rüstungsausgaben zurückgehen und der Konsum ansteigen wird. Daher werden Firmen in diesem Bereich vermehrt Ihre Aufmerksamkeit gewinnen …

Es sei noch einmal betont: Das, was als unsicher betrachtet wird, nämlich die Aktienmärkte, könnte sich langfristig als besseres Investment herausstellen als viele andere. Es gibt kaum einen Sektor, der derart kritisch beäugt wird wie eben die Aktienmärkte. In alternativen Anlagen wie Immobilien und anderen können viel problemloser »weiche Kosten« unauffällig versenkt werden, die letztlich die Rendite kaputt machen. Wenn Sie diesen Punkt näher beleuchtet haben wollen, dann schauen Sie mal in das Buch von Stephan Loipfinger mit dem schönen Titel *Lizenz zum Bauernfang*. Hier können Sie einiges erfahren über die üblen Methoden, die bei geschlossenen, aber auch bei offenen Immobilienfonds häufig praktiziert werden.

Vom Dauerpessimisten Roland Leuschel wird bereits heute eine Hyperinflation als denkbares Szenario an die Wand gemalt. Die Wahrscheinlichkeit einer solchen Hyperinflation erscheint mir nicht zwingend, aber deutlich mehr Inflation als in der Gegenwart, in der noch manche von Deflation oder Stagflation sprechen, ist ziemlich wahrscheinlich. In Inflationszeiten gibt es als Exit-Strategien eigentlich nur Aktien, Immobilien oder Gold. Wir werden darauf zu sprechen kommen.

Für politische Dogmatiker: Es gibt kaum etwas Demokratischeres als die Börse – als Armer kann man reich werden und vice versa kann der Reiche durch unglückliches Anlageverhalten sein Vermögen verlieren.

Bedenklich ist es in meinen Augen, wenn Politiker sich damit brüsten, dass sie »keinerlei« Aktien besitzen. Spätestens jetzt erscheint Gefahr im

Verzug, an ihrem wirtschaftlichen Verstand und Sachwissen muss gezweifelt werden. Zu befürchten ist dann, dass solche Politik in »Umverteilung« endet. Tatsächlich kann man aber nur verteilen und umverteilen, wenn vorher etwas erwirtschaftet wurde. Primär muss die Wirtschaftsleistung stimmen und es müssen günstige Bedingungen geschaffen werden für die Wirtschaft, von der wir alle leben wollen. Von Umverteilern und notorischen Bedenkenträgern kann kein Staat leben – und erst recht kein solcher, bei dem das Anspruchsdenken von vielen astronomisch geworden ist im Vergleich zum Rest der Welt.

Manche sehen ein Lebensziel darin, ohne Arbeit reich zu werden. Tatsächlich ist es keine große Kunst, mit viel Arbeit reich zu werden. Die Kunst besteht allerdings darin, das Gleiche mit wenig Arbeit zu schaffen. Das jedoch wird nur wenigen gelingen.

September 2010
Georg Eckert

simplified

1 Grundsätzliches

Warum Sie sich mit der Börse beschäftigen sollten

»Was wir immer wieder tun, wird immer leichter,
aber nicht weil die Aufgabe leichter geworden wäre,
sondern weil wir sie besser bewältigen.«
Ralph Waldo Emerson

Obige Aussage gilt voll und ganz für die Beschäftigung mit der Börse. Deshalb sind ältere Investoren, die »schon alles erlebt« haben, regelmäßig gute Investoren. Schon deshalb, um Erfahrungen zu sammeln, müssen Sie früh anfangen – je früher, desto besser!

Die *richtige Weichenstellung* ist in vielen Bereichen wesentlich wichtiger als eine endlose Feilscherei um letzte Details. Im Schwäbischen gibt es den schönen Begriff »Dipfelesscheißer«, der noch um den letzten Cent gnadenlos diskutiert, gleichzeitig aber grundlegende Entscheidungen falsch angeht.

Zu den grundlegenden Entscheidungen gehört die Überlegung, wie Sie Ihr Vermögen strukturieren wollen. Sie sind wahrscheinlich interessiert an regelmäßigen soliden Einkünften, an einem guten und möglichst steuerfreien Wertzuwachs und an ausreichender und gut verfügbarer Liquidität. Lebensversicherungen, Festverzinsliche und Immobilien sind kaum verzichtbare Accessoires mit relativer Sicherheit und geringer Schwankungsbreite (Volatilität), aber *Wohlstand* werden Sie mit diesen Komponenten nur schwer erzielen.

Deshalb möchte ich Ihr Interesse besonders für den Aktienmarkt wecken und mit Ihnen über einige Prinzipien sprechen, damit Ihr Lehrgeld an diesem gefährlichen Ort etwas geringer ausfällt.

Ich schreibe dieses Buch, weil es sinnvoll ist, sich möglichst frühzeitig mit Vermögensbildung und Vermögensaufbau zu befassen. Es ist ein dummes Ammenmärchen, dass es einen Dreh gibt, mit dem man über Nacht reich wird – zumindest ist es eine seltene Ausnahme. Sie können nicht damit rechnen, durch Lottospielen reich zu werden, obwohl dies manchen gelingt.

Von Kostolany, Philosoph, Lebenskünstler und gewiefter Aktienexperte – in dieser Reihenfolge –, von dem ich sehr viel halte, stammt das Zitat:

»Wenn Du kein Geld hast, musst Du spekulieren,

wenn Du wenig Geld hast, kannst Du spekulieren,

wenn Du sehr viel Geld hast, solltest Du spekulieren.«

Ein Vermögensaufbau ist eine langwierige Angelegenheit, aber er wird leichter, wenn Sie sich *Zins- und Zinseszinseffekt* zunutze machen. Ein frühzeitiger Beginn Ihres Vermögensaufbaus neutralisiert einige Fehler, die Sie unweigerlich machen werden.

Vielleicht ist es klug, sich ganz am Anfang unserer Überlegungen einen Punkt schon mal jetzt klarzumachen: Der Preis einer Aktie richtet sich ausschließlich nach *Angebot* und *Nachfrage*. Das und nichts anderes – auch wenn Unmengen von Literatur zu diesem Thema erschienen sind. Diesen Umstand sollten Sie in jeder Rezession bedenken. Das erklärt unter anderem die Tatsache, dass Aktienpreise paradoxerweise oft in der Rezession steigen, weil die Leute dann mehr sparen, weil Börsengänge von Firmen ausfallen etc.

Dabei ist von diesen zwei Komponenten das Angebot noch einigermaßen stabil. Dieses kann geringfügig schwanken: Wenn die Börseneuphorie groß ist, wird die Anzahl der Börsengänge von Firmen und Neuemissionen größer, das Geld der Anleger wird »vom Mark gesaugt«. Stärker variiert jedoch die Nachfrage nach Aktien in Abhängigkeit von *Angst und Gier*. Nach vielen Semestern Studium der Volkswirtschaft oder der Betriebswirtschaft könnte man geneigt sein, diese elementare Erkenntnis zu vernachlässigen. Aber nur dadurch wird erklärlich, dass an Aktienmärkten munter weiter gekauft wird, auch wenn die Preise für Aktien nicht mehr billig sind.

Anfang 2010 erscheinen Aktien nicht mehr billig. Wenn Aktien trotzdem eifrig gekauft werden und in vielen Fällen auch eine gute Investition darstellen, dann ist ein Grund darin zu suchen, dass es zu dieser Zeit offensichtlich keine attraktiven Alternativen mehr gibt: Festgelder mit Minizinsen, die zudem noch besteuert werden, sind schlicht vermögensvernichtend. Immer mehr Leute stellen fest, dass die zu erwartende Rente nicht ausreichen wird und suchen höher rentierliche Anlagen.

Immobilien werden als Alternative uninteressanter, weil bei dem Demografieprofil der entwickelten Länder und hier besonders in Deutschland keine nennenswerten Zuwächse zu erwarten sind. Der Erhaltungs- und Modernisierungsaufwand allein wird mit hoher Wahrscheinlichkeit nicht dazu führen, dass dieser Sektor überdurchschnittliche Gewinne abwerfen wird. Natürlich können ausgebuffte Profis auch hier Gewinne zaubern, es wird aber mühsamer sein als früher und auch mühsamer im Vergleich zu anderen Sektoren. Für Sie als Privatanleger kommt erschwerend dazu, dass bei Immobilien immer mit viel Geld und womöglich auch mit Finanzierungen gearbeitet werden muss.

Finanzierungen und *Verschuldung* wollen wir aber nach Möglichkeit vermeiden. Mit Finanzierungen können wir Gewinne hebeln, aber auch Verluste – Sie können richtig reich werden, aber auch völlig pleitegehen. Finanzierung und Verschuldung bedeutet immer stark erhöhtes Risiko. Wir erkennen das bei Privatpersonen, wenn wir an Adolf Merckle denken, aber auch an Staaten wie Dubai, wo jetzt die Erkenntnis dämmert, dass ihre Skyscraper doch nicht in den Himmel wachsen und die oft gerühmte künstlich aufgeschüttete Palmeninsel eben doch auf Sand gebaut ist. Die Staatsverschuldung der USA ist ebenfalls Dauerthema der Crash-Propheten – hier blicken wir in eine Büchse der Pandora.

Adolf Merckle, Chef von Ratiopharm Ulm, befand sich auf der Forbes-Liste der reichsten Männer dieser Welt. Sein Imperium war jedoch erheblich kreditfinanziert. Als im Zuge der Finanz- und Wirtschaftskrise seine Sicherheiten weniger wert wurden, war er nicht mehr in der Lage, seine Verbindlichkeiten zu bedienen. Sein trauriges Ende ist bekannt.

Selbst ein George Soros, derzeit sicher einer der besten Investmentstrategen, der im Devisengeschäft und mit seiner Wette gegen das englische Pfund nicht Millionen, sondern mehr als 1 Milliarde Gewinn eingefahren hat, verlor bei einem ähnlichen Geschäft Jahre später einige hundert Millionen Euro, die ihm dann wohl nicht mehr wehtaten. Wir Normalbürger haben keine vergleichbaren Reserven.

Wenn Sie auf Finanzierungen grundsätzlich verzichten, werden Sie wahrscheinlich keine märchenhaften Reichtümer schaffen, Sie werden aber selbst dann überleben, wenn Ihr Depot mal um die Hälfte schrumpft. Als Aktionär müssen Sie mit der Tatsache leben lernen, dass Sie meistens eine ordentliche Rendite einfahren werden, die im sehr langfristigen Zeitraum zwischen 5 und 10 % pro Jahr liegt. Der Preis für die höhere Rendite gegenüber allen anderen Anlageklassen – Gold, Immobilien, Anleihen – besteht aber darin, dass Sie mehr Volatilität ertragen müssen, der »Buchwert« Ihres Vermögen wird jeden Tag erheblich schwanken. In Schwaben würde man sagen: »Sie haben es nicht auf dem Briefle«, was Ihr Aktiendepot in einem Jahr wert sein wird.

Fehler sind unvermeidlich, sie sind aber dann nicht schlimm, wenn Sie aus ihnen hinreichend viel lernen.

Sie sind selbst der beste Verwalter Ihrer Interessen. Die Gefahr ist groß, dass andere Sie instrumentalisieren und Ihre Unerfahrenheit ausnutzen. Ihre Unerfahrenheit wird die Ursache von Fehleinschätzungen sein, trotzdem werden Sie vom eigenen Management profitieren, wenn Sie in der Lage sind, Ihre Interessen selbst präzise zu definieren.

Die gedankliche Auseinandersetzung mit der Börse ist eine intellektuelle Herausforderung, die Ihren Geist in jedem Alter sehr wach hält.

Die intellektuelle Herausforderung können Sie auf anderen Gebieten zwar auch haben, aber für Ihre finanzielle Gesundheit sollten Sie ohnehin selber sorgen. Also warum nicht selbst auf diesem Gebiet tätig werden, wenn der Aufwand vertretbar ist?

Natürlich gibt es neben der Börse andere gute Investments. Sie müssen jedoch wissen, ob es »Ihr Ding« ist, sich mit Immobilienbesitz rumzuschlagen, bei dem die Maxime gilt »Keine Rendite und keine Rechte ...«, ob es Ihnen liegt, als Ersatzhausmeister Reparaturen durchzuführen oder auch nur zu veranlassen und sich immer wieder Beschwerden der Mieter anzuhören und zu schlichten. Nicht mein Fall.

Auch Steuermodelle können schon mal – sehr selten – funktionieren. Aber Sie sind in noch höherem Maß von anderen und ihrer Seriosität abhängig.

Daher wird beim Vermögensaufbau das Engagement an der Börse eine dominierende Rolle spielen müssen. Andere Bereiche wie Lebensversicherungen, Rentenpapiere, ein – geringer – Immobilienteil müssen berücksichtigt werden, werden aber eher untergeordneter Natur sein.

Machen Sie sich trotzdem keine Illusionen über die zu erwartende Rendite: Wenn ein Superinvestor wie Warren Buffett eine durchschnittliche Performance von 20 % im Jahr schafft, werden Sie ihn kaum toppen können. Wenn Ihnen jemand eine höhere Rendite verspricht, glauben Sie ihm nicht. Sie sind schon sehr gut, wenn Sie irgendwo zwischen 8 % bis 10 % netto pro Jahr schaffen.

Über kaum ein Thema ist so viel geschrieben und gesprochen worden wie über das Thema Geld und Vermögensanlage. Spezialbereiche wie Derivate, Anleihen, Fonds und immer mehr ETFs (Exchange Traded Funds), die in vielen Facetten und in ihrer Komplexität ausführlich beschrieben wurden, sind für die meisten nicht mehr durchschaubar. Die Experten für Details müssen oft einen Verlust ihrer Generalisteneinstellung hinnehmen. Trotz der Komplexität der Materie gibt es in meinen Augen einige wenige Prinzipien, die sich wie ein roter Faden durch dieses Labyrinth ziehen und die man nach Möglichkeit nicht verletzen sollte. Dieses Pflichtprogramm muss Ihnen als Privatanleger unbedingt geläufig sein und nichts hindert Sie bei entsprechendem Engagement, eine Kür obendrauf zu setzen.

Meinen Beruf (Augenarzt) habe ich gewählt, weil ich »dünne Lehrbücher« geschätzt habe und die Hoffnung hatte, dass man »kleine« Fächer intellektuell besser durchdringen könne und kompakte Bücher eher »auf den Punkt« kommen beziehungsweise einem Thema besser gerecht werden. Ich war der – irrigen – Meinung, dass man ein »kleineres« Fach immerhin annähernd verstehen könnte. Nicht bedacht habe ich die Tatsache, die jedem Interessierten geläufig ist, dass immer weitere Türen aufgehen, wenn man durch eine Tür hindurchgegangen ist.

Freiberufler wie Ärzte sollten bei der Vermögensanlage besonders vorsichtig und risikoscheu sein. Im Laufe eines strapaziösen Studiums und eines meist ebenso strapaziösen Berufs haben sie oft gelernt, mit kalkulierbaren Problemen erfolgreich umzugehen, also Probleme zu lösen. Der ärztliche Beruf darf auch als Handwerk verstanden werden: Wenn man eine bestimmte Technik gelernt hat, kann man sie erfolgreich auf vergleichbare Situationen anwenden.

Übermäßige *Selbstüberschätzung* und Euphorie ist an der Börse brandgefährlich. Der Beruf wird Sie aller Wahrscheinlichkeit nach sehr in Anspruch nehmen, das Vertrauen in die eigenen Fähigkeiten eher zu groß sein und die verfügbare Zeit zu knapp. Aus diesem Grund muss die Anlagepolitik von stark beschäftigten Freiberuflern noch konservativer sein, wenn sie von ihnen selbst erledigt wird, oder sie muss auf einen langjährig erfolgreichen und vor allen Dingen seriösen Partner übertragen werden.

Börse unterscheidet sich in hohem Maße von einem *Handwerk*. Es treffen eher gegenteilige Prinzipien zu: Wenn eine Anlagestrategie, die vormals erfolgreich war, von immer mehr Anlegern übernommen wird, dann wird sie eben nicht mehr funktionieren! Dagegen gilt beim Handwerk, dass eine einmal erlernte Technik immer wieder funktioniert. Wenn sich alle Marktteilnehmer vorwiegend nach dem KGV (Kurs-Gewinn-Verhältnis) richten, dann werden solche Titel unverhältnismäßig teuer und der Erfolg bei anderen Strategien, die sich am KUV (Kurs-Umsatz-Verhältnis) oder am KBV (Kurs-Buchwert-Verhältnis) orientieren, wird größer. Aus diesem Grund *ist die Börse kein Handwerk* und genau aus diesem Grund kann man nicht »lehren«, wie man an der Börse erfolgreich agiert. Deshalb sind auch Betriebswirtschaftler oder Volkswirte nicht von vornherein die besseren Anleger. Auch bei ihnen besteht eher die Gefahr, dass sie in euphorische Selbstüberschätzung abgleiten, weil sie einige betriebswirtschaftliche oder volkswirtschaftliche Zusammenhänge besser zu verstehen glauben.

Nichts ist leichter, als Aktien zu verkaufen, die bereits kräftig im Kurs gestiegen sind, und wenige Dinge sind schwieriger, als gefallene Aktien loszuwerden.

Es gilt das *umgekehrte Aldi-Prinzip*: Zu Aldi geht man, um billig einzukaufen, am Aktienmarkt wird besonders dann gern und häufig gekauft, wenn die Aktien gestiegen sind und alle Marktteilnehmer sich sehr wohlfühlen.

Grundlegende Wahrheiten sind oft einfach und trotzdem so schwer zu befolgen:

Langfristig tendiert die Entwicklung der Börsen nach oben, die Börse ist kein Nullsummenspiel, sondern ein Plussummenspiel. Deshalb muss sich der nicht professionelle Anleger in der Gruppe der Haussiers aufhalten, auf Baisse spielen ist den Profis vorbehalten. Auch die fallen damit oft genug auf die Nase – wie George Soros, der sich, wie schon erwähnt, um einige Hundert Millionen Dollar verrechnete. Insbesondere Hedgefonds brüsten sich damit, in jeder Börsenphase – auch in der Baisse – Gewinne zu erwirtschaften. Sie müssen daran denken, etwa wenn Sie mit Put-Optionen Gewinne machen wollen. Hier müssen Sie nicht ein Mal, sondern gleich zwei Mal mit Ihrer Einschätzung richtig liegen: Sowohl den Zeitrahmen wie auch die Richtung (Call oder Put) müssen Sie richtig prognostizieren.

Langfristig entwickeln sich Aktienkurse annähernd parallel zum Wachstum der Wirtschaft und der Unternehmen, *kurzfristig* sind Störfeuer nicht nur wahrscheinlich, sondern kommen garantiert.

Gelegentlich werden Sie über ein Phänomen staunen, das immer wieder auftaucht: Wirtschaftsentwicklung und Aktienkurse sind zwar korreliert, aber der Zusammenhang ist nur locker: Interessanterweise werden Sie manchmal gerade während einer Rezession Anstiege der Aktienpreise beobachten, die nur auf den ersten Blick unlogisch sind. Bei näherem Hinsehen kann es auch gar nicht anders sein: Firmen machen auch während der Rezession Gewinne, die unter Umständen wegen trüber Konjunkturaussichten nicht investiert werden, oder Verbraucher halten sich in schlechten Zeiten mit Ausgaben zurück, weil sie Angst um ihren Arbeitsplatz haben. Das Geld wird gespart, ein Teil davon fließt zwangsläufig in den Aktienmarkt.

Auf diese Weise bieten sich – entsprechende Nervenstärke vorausgesetzt – immer wieder gute Einstiegsmöglichkeiten in den Aktienmarkt. Es ist gut, dass nicht alle Anleger den Markt gleichermaßen einschätzen, sondern unterschiedliche Preise für angemessen halten. Aus diesem Grund entsteht ein Handel und läuft der Markt »rund«. Es finden sich immer genügend Käufer und Verkäufer, es wird regelmäßig zumindest für die großen Gesellschaften ein Kurs gestellt. So gut wie immer können Sie kaufen oder verkaufen – von sehr kleinen Nebenwerten einmal abgesehen.

Vergleichen Sie das einmal mit dem Immobilienmarkt. Haben Sie jemals versucht, eine Immobilie zu einem angemessen erscheinenden Preis zu verkaufen, und es ist Ihnen nicht gelungen? Dann wissen Sie, was ich meine.

Es ist also nur gut, wenn sich im Markt Optimisten und Pessimisten Argumente um die Ohren hauen, und irgendwann hat auch jeder einmal recht. Deswegen müssen wir Kostolany zustimmen, wenn er vom *Schmerzensgeld an der Börse* spricht: Sie müssen sich gegen die Stimmen der Pessimisten durchsetzen, gegen den allgemeinen Konsens und vor allem auch gegen die Profis.

Nur wenn die allgemeine Stimmung gegen eine Aktie oder den ganzen Markt gerichtet ist, wenn die Welt vor Pessimismus trieft, der nächste Börsencrash und gleichzeitig der Weltuntergang an die Wand gemalt werden, nur dann sind Aktien wirklich billig.

Sie benötigen aber ein sehr gesundes Selbstvertrauen, gerade dann in den Markt zu gehen.

Das halten die meisten nicht aus und versäumen auf diese Weise gute Gewinnmöglichkeiten. Diesem Schreckensszenario und einem solchen Trommelfeuer von schlechten Nachrichten sind die an der Börse direkt Tätigen noch intensiver ausgesetzt und schaffen es oft auch nicht, mental dagegen anzugehen. Deswegen sind Börsenexperten, »Professionelle«, also langfristig nicht unbedingt besser als Sie.

Der LTCM-Hedgefonds, der vor wenigen Jahren das Weltfinanzsystem erschütterte, wurde von den klügsten Köpfen der Welt geführt. Da beim Zusammentreffen der Klügsten sich neben viel Geist auch gern die Hybris einfindet, war dieser Untergang nicht überraschend: Wie bei der Titanic führte Selbstüberschätzung zum katastrophalen Ergebnis. Wahrscheinlich waren tatsächlich allerklügste Köpfe bei diesem LTCM beratend tätig, aber selbst diese können die Börsenentwicklung bestenfalls kurzfristig vorhersehen und sind eben nicht in der Lage, zu prognostizieren, was über einen Zeitraum von 6 bis 12 Monaten hinausgeht.

Der unschätzbare Vorteil für Sie als Privatanleger besteht darin, dass Sie nicht dem vernichtenden Urteil von Kollegen unterworfen sind, Sie können Entwicklungen in Ruhe abwarten und aussitzen. Einer Ihrer größten Vorteile besteht darin, dass Sie sich innerhalb Ihrer Grenzen bewegen können.

> Einer Ihrer größten Vorteile besteht darin, dass Sie sich innerhalb Ihrer Grenzen bewegen können. Sie müssen sich vor niemandem rechtfertigen!

Das bedeutet, dass Sie im Gegensatz zum Fondsmanager nicht nach dem letzten Performance-Kick gieren müssen, um die Kollegen auszustechen. Ganz im Gegenteil können Sie sich in völliger Ruhe und Gelassenheit – stressfrei – vernünftige Titel aussuchen, vorwiegend Blue Chips, und diese dann in einer vernünftigen Zeit zu einem vernünftigen Preis kaufen. Den *optimalen Zeitpunkt* werden Sie trotzdem nicht erwischen, nach einem alten Börsenslogan schaffen das nur der »liebe Gott und die Lügner«, aber wegen Ihres längeren Zeithorizonts spielt das keine übermäßig große Rolle.

Wollen Sie sich mehr engagieren und an Ihrer Performance feilen, dann können Sie »Hausaufgaben« machen. Dann, und nur dann, sollten Sie kleinere Firmen aussuchen, die weniger im Fokus der Analysten stehen. Sie können sich die Bilanzen der letzten Jahre ansehen, die Gewinnentwicklung verfolgen und sich ein Urteil über die Qualität des Managements bilden. Das ist aber auch schon die Kür für Anleger und geht über das übliche Maß deutlich hinaus. Sie können sich die Prinzipien eines Warren Buffett zu eigen machen, aber dann wird das Anlegen allmählich zu einem Fulltime-Job, den die meisten von uns allerdings gar nicht wollen.

Wenn Sie die Börse nicht als Fulltime-Job verstehen, dann verbieten sich sämtliche Finanzderivate wie Optionen, Puts, Calls, Futures ... Bei solchen Varianten müssen Sie als Anleger auch das Timing beherrschen. Haben Sie die künftige Entwicklung richtig prognostiziert, muss diese auch in der vorgegebenen Zeit eintreffen. Eine Lieblingsweisheit von André Kostolany hieß: »An der Börse kommt immer alles anders und erst später so, wie man – manchmal – denkt ...«

Lassen Sie als Privatanleger die Finger von der *Charttechnik* und ähnliche Kaffeesatzleserei! Eine Börsenweisheit besagt, dass noch kein Chartist reich geworden ist. Über das Thema sind viele und dicke Bücher geschrieben worden, der Zeitaufwand ist riesig, die Unsicherheit bezüglich der Ergebnisse ebenso. Die Ergebnisse sind nur dann eindeutig, wenn sie im Nachhinein interpretiert werden! Der Prognosewert der Charttechnik ist ungefähr so einzuschätzen wie manche Wettervorhersagen: »Das Wetter ändert sich oder es bleibt so, wie es ist ...« Im Nachhinein sind die Erklärungen der Chartisten immer exzellent. Nach Meinung von Experten, ich denke zum Beispiel an Burton G. Malkiel, bringt die Chartdeuterei auch keine besseren Ergebnisse als eine schlichte Buy-and-Hold-Strategie. Die Computer machen es auch nicht besser, denken Sie an Gigo (garbage in, garbage out), der Computer ist nicht schlauer als die Programmierer. Die Charttechnik ähnelt den »Systemen« beim Roulette.

Malkiel stellt völlig zutreffend in seinem Buch *Börsenerfolg ist kein Zufall* fest:

»Die Geschichte der Kursbewegung einer Aktie enthält keine nützlichen Informationen, die einen Investor in die Situation versetzen könnte, ständig besser zu sein als beim Management eines Portfolios mittels einer Kaufen-und-halten-Strategie.«

Da gilt schon eher die alte Weisheit »Gute Pferde sind gute Pferde und bleiben meist gute Pferde – schlechte sind eben schlecht«. Ähnliches gilt für die meisten *technischen Indikatoren* von der sogenannten Dow-Theorie bis zum Rocksaum-Indikator. All dieser Firlefanz hält Sie von der einzig wichtigen Sache ab, die Sie wirklich beachten müssen: Kaufen Sie *Qualität* und nichts anderes als Qualität, und die zu einem vernünftigen Preis. Die erkennbar bestmögliche Qualität ist gerade gut genug. Qualität heißt vor allem zuverlässiges, möglichst konstantes Gewinnwachstum über viele Jahre hinweg, geringer Verschuldungsgrad der Firma, ordentliche regelmäßige Dividendenzahlungen. Weitere Faktoren wie die Marktstellung – die Firma hat ein Quasimonopol wie zum Beispiel McDonald's in der Systemgastronomie, oder Coca-Cola aufgrund seines Markennamens, oder Microsoft, weil es einfach umständlich ist, auf die Computer von Apple umzusteigen – dürfen in die Betrachtung einfließen.

Eine bösartige Unterstellung muss ich noch unterjubeln: Banken und Broker verdienen an *Provisionen* und *Umschichtungen*. Ein Depot, das wie ein Stein im Keller liegt, ist für alle unattraktiv bis auf den, dem es gehört. Die Techniker werden »geliebt«, weil sie das Geschäft ankurbeln, aber nicht Ihres, sondern *ihres*. Sie dagegen sollten Ihr Depot mit ganz ruhiger Hand führen.

Trotz allem müssen Sie effektiv vorgehen. Sie benötigen Zeit, um Ihr Vermögen wachsen zu lassen. Eine alte Faustregel sollten Sie sich hinters Ohr schreiben:

Die Zeit, die Sie benötigen, um Ihr Kapital zu verdoppeln, beträgt 70 geteilt durch Rendite.

Das heißt, bei einer Rendite von 10 % brauchen Sie 7 Jahre zur Verdoppelung Ihres Einsatzes, bei einer Rendite von 5 % 12 Jahre. Unter Sparbuchbedingungen schaffen Sie das nie, weil die Inflation den kleinen Zugewinn aufzehrt. Also machen Sie es gleich richtig!

Welche Ziele sind Ihnen wichtig?

»Wer die Kreise der Börse betritt, wird in ewiger Unruhe gehalten und sitzt in einem Gefängnis, dessen Schlüssel im Meer liegen und dessen Riegel sich niemals öffnen.«
Don Joseph de la Vega

Diese Aussage ist etwas extrem. Ein stabiles Gemüt ist allerdings von Vorteil und Grundkenntnisse, um dieses »Meer« zu befahren, sind sicher hilfreich.

Deshalb überlegen Sie sehr genau, warum Sie reich werden wollen. Es ist wenig sinnvoll, Euros anzuhäufen bis zu Ihrem bitteren Ende, um dann auf Wolke Sieben herumzufahren und zu beobachten, wie Ihre lachenden Erben Ihr mühsam zusammengegeiztes Erbe verschleudern. Ihr Ziel und Ihren Erfolg müssen Sie für sich persönlich definieren. *Geld an sich ist kein Wert*, nicht im geringsten. Und stellen Sie sich vor, Sie rackern sich auf Kosten Ihrer Gesundheit ab, um eines Tages mit einem Herzinfarkt oder Schlaganfall im Krankenhaus zu landen. Wozu das Ganze?

Ein erstrebenswertes Ziel könnte für Sie zum Beispiel darin bestehen, Unabhängigkeit zu erlangen – von Ihrem Chef oder von äußeren Verhältnissen. Oder Sie könnten ein großes Projekt anpeilen – wie Schliemann, der mit seinem verdienten Vermögen Troja ausgegraben hat, oder wie der Schauspieler Böhm, der Entwicklungsprojekte in der Dritten Welt vorangetrieben hat.

Wenn Sie dieses Buch gelesen haben, werden Sie hoffentlich wissen, wie man es zu einem kleineren oder größeren Vermögen bringen kann. Dann dürfen Sie den Faden auch etwas weiter spinnen und sich überlegen, ob

Sie mit einem solchen Vermögen das Zeitliche segnen wollen oder ob Sie rechtzeitig für Ihr Alter Vorsorge treffen wollen.

Denken Sie einmal nach: Wollen Sie Kapital ansammeln, um von dessen Erträgen zu leben, oder streben Sie nach einem möglichst hohen Einkommen? Wenn Sie keine eigenen Kinder haben, wird Ihr Ziel kaum darin bestehen, ein größeres Kapital anzuhäufen, sondern darin, ein möglichst hohes Einkommen zu haben.

Machen Sie sich bewusst, dass viele *Lottomillionäre* arm sterben, weil sie zwar Glück im Spiel hatten, aber ansonsten im Rechnen eher schwach waren. Vielleicht war diesen Spielern nicht klar, dass man bei einer Million Euro pro Jahr allenfalls ca. 20.000 Euro ausgeben darf, wenn das Kapital erhalten werden soll. Das sind im Monat schlappe 2000 Euro, rund gerechnet und je nach Anlageverhalten.

Welcher Anlegertyp sind Sie?

»Wer nicht fähig ist, sich selber eine Meinung zu bilden und eine Entscheidung zu treffen, darf nicht zur Börse.«
André Kostolany

Am eigenen Denken kommen Sie im Anlagebereich nicht vorbei. Selbst wenn Sie hin und wieder eine Fehlentscheidung treffen sollten, werden Sie primär in Ihrem eigenen Interesse handeln und damit gegenüber fremdgesteuerten Entscheidungen einen Vorsprung haben.

Die Frage nach dem Anlegertyp wird gern falsch beantwortet. Viele Menschen stellen sich unter Börsenaktivitäten vor, dass der Börsianer immer eine Hand am Telefon haben muss, um in kurzen Abständen Kauf- und Verkaufsanträge an seinen Broker weiterzuleiten. Nichts könnte mehr danebenliegen. Warren Buffett ist nicht zuletzt deshalb so erfolgreich, weil er sich vom Tagesgeschehen kaum beeindrucken lässt. Dazu trägt die Tatsache bei, dass er »weit vom Schuss«, also nicht in New York, sondern in der »Prärie« irgendwo in Omaha sitzt und dort in Ruhe und Gelassenheit langfristige, überlegte und sehr wenige (!) Entscheidungen trifft.

Kurzfristanleger

»Der Kleinaktionär ist das Kanonenfutter des Wertpapierhandels.«
Helmar Nahr

Vorsicht, dieses Gelände ist vermint, kurzfristiges Traden besonders riskant. Als Privatanleger wollen wir Sorge dafür tragen, an den Märkten eben nicht »verheizt« zu werden.

Aktionismus ist dem kurzfristigen Trader, im Extremfall dem Day-Trader vorbehalten. Diese Leute orientieren sich nicht an den Fundamentaldaten einer Firma, sondern versuchen, die Auswirkungen von kurzfristigen Einflüssen zu interpretieren und vorherzusagen, meist mithilfe von charttechnischen Überlegungen (»Kaffesatzleserei«). Es ist eine Gruppe, die an den Börsen überwiegend zu den »Losern« gehört, langfristiger Erfolg ist unwahrscheinlich. Für uns gilt: Finger weg davon.

Als warnendes Beispiel soll Nick Leeson dienen, der es geschafft hat, mit seinen waghalsigen Börsengeschäften die altehrwürdige Barings Bank in den Ruin zu treiben. Bis Leeson aufflog, galt er als Star-Trader, der seine immensen Verluste geschickt zu verschleiern wusste. Aufgrund seines scheinbaren Erfolgs stieg er innerhalb der Bank mächtig auf, seine Position wurde einigermaßen unangreifbar. Leeson verlor offenbar trotz seiner Affinität zur Börse von Anfang an Geld durch seine gigantischen Fehlspekulationen. Durch Zufall flog er im Jahr 1995 auf, die Verluste von 825 Millionen Pfund konnte die Bank nicht verkraften und brach zusammen. Am 7. September führte der *Stern* ein Interview mit Leeson. Am Ende des Interviews gab Leeson folgenden Tipp:

Stern: Haben Sie einen Tipp für Anleger?

»Traue keinem Finanzverwalter. Mach dich schlau, kümmere dich selbst um dein Geld.«

Als Arzt, Rechtsanwalt oder viel beschäftigter Freiberufler werden Sie nicht in der Lage sein, Ihre aktuelle Tätigkeit kurz zu unterbrechen, um mal eben mit Ihrem Broker zu telefonieren. Sollten Sie auch nicht. Bis eine wichtige Information zu Ihnen durchgedrungen ist, hat sie schon jeder andere erfahren, der daraus eine Konsequenz ziehen will. Auf diesen Zug werden Sie immer zu spät aufspringen.

Sie müssen ein anderes Vorgehen wählen. In der unmittelbaren Konkurrenz zu den professionellen Kurzfristanlegern werden Sie immer den Kürzeren ziehen, weil Sie eben nicht den ganzen Tag am Bildschirm sitzen können und kursbewegende Neuigkeiten mit Sicherheit immer zu spät erfahren.

In der unmittelbaren Konkurrenz zu den professionellen Kurzfristanlegern werden Sie immer den Kürzeren ziehen.

»Betriebswirte, Wirtschaftsingenieure, Volkswirte und andere Experten sollten der Börse fernbleiben. Sie ist für die eine gefährliche Falle, die sich ihr mit wissenschaftlichen Methoden annähern wollen. Ich kann für sie nur Dante zitieren: ›Lasst, die ihr eingeht, alle Hoffnung schwinden!‹«

André Kostolany

Professionelle Anleger betätigen sich häufig im kurzfristigen Bereich, der für Sie besonders schwierig ist. Im Übrigen ist die Performance der *Kurzfristanleger*, besonders aber der *Day-Trader*, statistisch gesehen die schlechteste überhaupt, weil durch wilde Rumzockerei schon von vornherein zu viele Transaktionskosten entstehen. Professionelle, die geringere Gebühren bezahlen, können dieses Thema vernachlässigen, für Sie als Privatanleger sind in aller Regel Transaktionskosten solche, die sehr stark an der Rendite zehren.

Mittelfristige Anleger

Eine andere Gruppe ist die der mittelfristigen Anleger (Zeitraum 6 bis 12 Monate). Das ist ebenfalls noch der Bereich von Profis und denen, die sich als solche fühlen. Wenn Sie sich auf dieses Gebiet begeben, stehen Sie wieder in direkter Konkurrenz mit Leuten, die frühere und bessere Informationen haben als Sie. Diese erfahren früher als Sie, wie eine Firmenbilanz wahrscheinlich aussieht, ob eine Pharmafirma etwas Neues entdeckt hat oder ob sich ein Flop anbahnt. In diesem Wettbewerb werden Sie mit hoher Wahrscheinlichkeit verlieren – und das trotz kurzzeitig verfügbarer Internetinformation etc. Denn Sie sind aufgrund Ihres beruflichen Engagements nur bedingt in der Lage, solche Informationsflüsse zu verfolgen.

Langfristanleger

Chancengleichheit und sogar eine bessere Ausgangsposition haben Sie bei einem Anlagehorizont, der über diesen Zeitraum von 6 bis12 Monaten hinausgeht. Sie sind dann sogar in einer besseren Position, weil Sie im Gegensatz zu einem Fondsmanager nicht einem *kurzfristigen Performancedruck* ausgesetzt sind. Dieser muss Erfolge am besten von Quartal zu Quartal vorweisen. Gute Entwicklungen sind aber langfristiger Natur und benötigen Zeit. Im Gegensatz zum Fondsmanager können Sie sich den Luxus einer eigenen Meinung leisten.

Ein Fondsmanager wird dazu tendieren, ähnlich zu entscheiden wie seine Managerkollegen. Wenn alle falschliegen, ist es nicht so schlimm, wenn er den gleichen Fehler gemacht hat. Er wird ja vor allen Dingen und zunächst mit seinen Kollegen verglichen. Er muss ähnlich agieren; es wäre für ihn katastrophal, wenn alle in Telekommunikation investieren, kurzfristige Profite einfahren – und er ist nicht dabei. Es könnte sein, dass er seinen Posten verliert, bevor die Spekulationsblase platzt! Damit gilt auch für ihn das *Gesetz der Lemminge*, die, einem inneren Zwang gehorchend, sich in den Abgrund stürzen. Wenn sich alle geirrt haben, dann ist seine persönliche Schuld deutlich geringer, wenn er auch dabei ist … selten wird ein einzelner Lemming zur Verantwortung gezogen.

Es lohnt sich, etwas zu reflektieren über eine alte Weisheit von Sun Zi, chinesischer General und Philosoph, wenn er schreibt:

»Wenn du den Feind und dich selber kennst, brauchst du den Ausgang von hundert Schlachten nicht zu fürchten.«

Das bedeutet, dass Sie in einer völlig anderen Situation sind als die Profis. Es wäre *finanzieller Selbstmord*, wenn Sie mit den Profis auf deren Ebene zum Kampf antreten wollten. Trotz Internet und Medienpräsenz via Smartphone etc. haben die Experten immer den kurzfristigen Vorteil und aktuellere Informationen auf ihrer Seite. Im Zweifel sitzen die vor ihren Bildschirmen, während Sie Ihrem Beruf nachgehen und nicht abkömmlich sind. Womöglich sickern zu den Profis doch einige wichtige Informationen früher durch, die den Markt beeinflussen. Und wenn Sie kaufen, ist diese Information bereits »eingepreist«. Schon deshalb muss Ihre Vorgehensweise eine andere sein.

Einstellungssache!

»Wer den ganzen Tag arbeitet, hat keine Zeit, Geld zu verdienen.«
John D. Rockefeller

Diese Einstellung ist mit Vorsicht zu genießen. Sie dürfen am Markt keine Entscheidung treffen *ohne gründliche Recherche*. Das ist zwar keine körperliche Arbeit, sondern Denkarbeit, was für manche noch anstrengender ist. Wir dürfen Rockefellers Aussage so interpretieren, dass Alltagsarbeit von der wichtigeren Denkarbeit unter Umständen abhalten kann. Wenn Sie allerdings die richtigen Schlüsse ziehen, können Sie – um mit Kostolany zu reden – so viel »Geld machen«, wie das mit »ehrlicher Arbeit« kaum möglich ist.

Logik an der Börse ist anders und muss mit der Alltagslogik nicht übereinstimmen. Das Prinzip an der Börse besteht ja wesentlich darin, billig einzukaufen, um dann bei der nächsten Gelegenheit teuer zu verkaufen. Was einfach scheint, ist ungeheuer schwierig. Nicht umsonst spricht Kostolany von »Schmerzensgeld«. Die Schmerzen bestehen unter anderem darin, *gegen den allgemeinen Trend zu handeln*. Es ist so einfach, in der Euphorie mitzuschwimmen und dann zu kaufen, wenn alle kaufen und auch die Experten zum Kauf raten. Es bedarf starker Anstrengungen, gerade dann zu kaufen, wenn alles schwarz in schwarz gemalt wird.

Besser ist, wenn Sie weltweit eine Handvoll Unternehmen aussuchen, deren Qualität über jeden Zweifel erhaben ist. Wenn Sie von dem starken Wunsch beseelt sind, hier mitzumischen, und eine Affinität zu diesen Firmen entwickeln, dann freuen Sie sich über Kursrückgänge und es stört Sie überhaupt nicht, wenn eine bestimmte Firma günstig eingekauft werden kann. Sie sollten sehr ordentliche Kenntnisse von solchen Unternehmen besitzen. Das muss nicht so extrem werden wie zum Beispiel bei dem bekannten amerikanischen Investor John Slater, der nur mit einer einzigen Firma – IBM – gehandelt hat. Er kannte sehr viele Facetten dieser Firma und wusste immer, ob der am Markt gebotene Preis fair ist.

Am Schluss des Buches werde ich einige Unternehmen aufzählen, deren Qualität meines Erachtens unstrittig ist. Weltweit sind es nicht allzu viele Firmen, die bedenkenlos gut und höchstens etwas zu teuer sind.

Die Anzahl der Firmen in Ihrem Portefeuille sollte nicht zu groß sein. Wenn Sie den Kursverlauf einer Firma sicher prognostizieren könnten, bräuchten Sie extrem wenige Unternehmen, im Extremfall auch nur ein einziges wie John Slater. Da Sie sich sicher nicht so tief in die Materie hineinknien werden, sollten Sie sinnvollerweise diversifizieren, aber im überschaubaren Rahmen. Selbst bei größeren Vermögen sollten 20 bis 25 verschiedene Titel ausreichen. Wenn Sie »Ihre« Firmen kennen, dann darf Ihnen auch mal der Fehler unterlaufen, dass Sie etwas zu teuer einkaufen – entsprechend der Weisheit »Man kann auch Gold zu teuer kaufen …«, aber dieser Fehler wird üblicherweise durch einen längeren Zeithorizont ausgebügelt.

Schon Benjamin Graham stellt in seinem Buch *Intelligent investieren* fest, dass die Mehrzahl der Börsenteilnehmer zu kurzfristig orientiert ist. Dies hat die Auswirkung, dass der Kurs eines Unternehmens überproportional absackt, wenn es mal ein schlechtes Jahr gegeben hat oder, noch kurzfristiger, ein schlechtes Quartalsergebnis abgeliefert wurde.

Für Warren Buffett ist es immer ein guter Zeitpunkt, dann zu investieren, wenn ein Unternehmen ein temporäres Problem hat. Zum Beispiel ist der Kurs von McDonald's wegen BSE im Jahr 2001 deutlich abgesackt. Ein bis zwei Jahre später spielte BSE im Bewusstsein der Öffentlichkeit kaum noch eine Rolle und der Kurs von McDonald's erholte sich deutlich.

Heute hat man BSE »vergessen«, lediglich bei Ärzten hat BSE verschärfte Hygienerichtlinien hinterlassen, was heute wohl überflüssig ist, aber ebenso wenig wieder abgeschafft wird wie eine einmal eingeführte Steuer. Im Nachhinein war der Höhepunkt der BSE-Krise ein optimaler Zeitpunkt, bei McDonald's einzusteigen, fast vergleichbar mit dem Zeitpunkt, bei Philip Morris einzusteigen, wenn wieder einmal ein Prozess in der ersten Instanz verloren und dieses Urteil in der nächsten kassiert wurde.

Im Jahr 2002 gerieten die Bilanzierungspraktiken der Titanen der Wallstreet in den Fokus der Aufmerksamkeit. Ausgelöst von tatsächlich *fragwürdigen Bilanzierungspraktiken* beim Mischkonzern Tyco in Höhe von 1,2 Milliarden USD wurden auch die Kurse von General Electric in einen Abwärtssog gerissen. Befürchtet wurden Bilanzfälschungen nach dem Muster von Enron oder Worldcom. Und das, obwohl man davon ausgehen sollte, dass eine Firma wie GE die besten Bilanzprüfer einstellt, die man bekommen kann. Dabei war der ganze Rummel nur bedingt verständlich: Jeder weiß, dass eine Mutter ihre Tochter schmückt, die sie an den Mann bringen will, genauso wird auch eine Bilanz »schöngerechnet«.

Temporäre Probleme treffen früher oder später die meisten Firmen und sind eine hervorragende Kaufgelegenheit, wenn Sie sie als solche erkennen.

Manchmal hilft Ihnen eine Änderung Ihrer Einstellung – à la *Eulenspiegel*, der sich freute, wenn er den Berg hinaufsteigen musste, und der in Tränen ausbrach, wenn es abwärts ging. Eulenspiegel wusste, dass es wieder runtergehen muss, wenn es zuvor sehr lange bergauf gegangen ist und vice versa. Er reagierte nicht unklug, sondern offenbar prospektiv, wie das an der Börse auch üblich ist. An der Börse wird – wie bei Eulenspiegel – vor allem die Zukunft gehandelt.

Sie könnten zum Beispiel geneigt sein, sich ein Depot anzulegen mit fünf Titeln mit jeweils gleichem Volumen. Nach einiger Zeit stellen Sie fest, dass einige Titel besser laufen als andere. Wenn Sie ein Gerechtigkeitsfanatiker sind, könnten Sie auf die Idee kommen, die schlecht gelaufenen Titel »aufzufüllen«. Das ist aber gefährlich, weil Sie dann mit der Zeit womöglich nur noch lahme Enten im Depot haben. Sie könnten sich stattdessen sagen, dass Sie ein Pferderennen gestartet haben und weiteres Futter nur noch für die Pferde da ist, die prima gelaufen sind. Mit dieser Einstellung kommen Sie gar nicht in Versuchung, sich am Preis der Aktie zu stören, der ja völlig in Ordnung sein kann, wenn er fundamental gut unterlegt ist.

Warren Buffett vergleicht seine Einstellung mit einem Ballspiel, bei dem er auf einen perfekten Wurf wartet ... und diese Wartezeit kann dauern. Nur wenn ihm ein Unternehmen mit einer Art »Verbrauchermonopol« und einem perfekten Management zu einem guten Preis über den Weg läuft, dann schlägt er zu. Und wenn Sie zugegriffen haben, dann heißt es abwarten wie die alten Frankfurter Börsianer sagen: »Nur mit Sitzfleisch wird das Geld verdient.«

Mit dieser wenig aktiven Einstellung haben Fondsmanager regelmäßig ihre Probleme und darin liegt ein großer Vorteil für Sie als Privatanleger. Sie müssen sich von der heißen Luft, die da bewegt wird, nicht irre machen lassen, und wenn die Zeit ungünstig ist, machen Sie mal ein halbes Jahr Pause von Ihren Börsenaktivitäten – wie die ganz alten Hasen –, machen Urlaub von der Börse und warten auf bessere Zeiten. *Die Zeit heilt viele Wunden*, das Geschäftsklima erholt sich und der ewige Börsenzyklus beginnt von Neuem. Die menschlichen Triebkräfte sind immer die gleichen, die meisten wollen reich werden, am liebsten über Nacht. Und das ist einer der dümmsten Wunschträume, dem man hinterherjagen kann. Bewegen Sie sich lieber innerhalb Ihrer Grenzen und sehen Sie zu, wie Ihr Vermögen langsam, aber sicher und zuverlässig wächst.

Welche Regionen?

Eine sehr große Gefahr für Sie als Anleger geht davon aus, dass Sie zu sehr auf Ihr Heimatland fixiert sind. Es gibt wahrlich keinen Grund, Aktieninvestments nur im Dax zu tätigen. Bei globaler Betrachtungsweise erscheinen andere Regionen weitaus erfolgversprechender. Ganz im Gegenteil kommt bei vielen Daxfirmen eher keine Begeisterung auf, wenn man an erfolglose Unternehmen wie TUI oder auch an zyklische Automobilwerte denkt. Über die deutschen Banken ist zu Recht in der jüngsten Vergangenheit einiges an

Häme ausgeschüttet worden. Unter Daxtiteln, die einen stabilen Geschäftsverlauf und ein zuverlässiges Geschäftsmodell mit einer vernünftigen Dividendenrendite aufweisen, könnte ich mir zum Beispiel ein Investment in die Münchner Rück, Eon und RWE vorstellen. Gut erscheint mir auch Beiersdorf, deren Aktie allerdings immer recht teuer daherkommt, vielleicht Bayer, nachdem das Unternehmen Schering geschluckt hat, eventuell Linde, mittlerweile Weltmarktführer bei Industriegasen.

Da erscheint der Euroraum schon spannender. Da ist zum Beispiel Nestlé oder Unilever, HSBC als größte europäische Bank, die mit vergleichsweise wenig Blessuren durch die Finanzmarktkrise kam, oder BHP als größter Rohstoffwert der Welt (mit einer im Vergleich zum Rivalen Rio Tinto deutlich geringeren Verschuldungsquote).

Ein schlecht kalkulierbares, unsicheres Rechtssystem in den USA kann mittelfristig erheblichen Schaden für die amerikanische Wirtschaft anrichten. Obwohl in Amerika generell Firmen hohe Renditen zugebilligt werden, muss die Entwicklung dort mit Sorge beobachtet werden. Durch die ausgesprochene *Klagefreudigkeit der Amerikaner* und durch die übergroße Anzahl von Anwälten, die von einem erfolgsabhängigen Honorar leben, werden die absurdesten Prozesse geführt und oft genug in der ersten Instanz gewonnen.

Es ist für unser Verständnis nicht nachvollziehbar, wenn eine Firma wie Philip Morris zu Schadensersatzforderungen in Milliardenhöhe verdonnert wird, wenn ein Kläger behauptet, die Schädlichkeit des Rauches sei gerade ihm nicht bekannt.

Solche Urteile werden zwar meist in der nächsten Instanz wieder kassiert, trotzdem ist es eine ungute Situation. Vergleichbar das Urteil gegen McDonald's: Die Firma wurde erstinstanzlich zu einem Schadensersatz von mehr als einer Million Dollar verurteilt, weil der Kläger sich mit Kaffee verbrüht hatte, den er dort gekauft hatte. Dem Kläger war nicht bewusst, dass Kaffee so heiß ist!

»Idioten gibt es überall. Beunruhigend ist aber die Tatsache, dass Idioten in den USA vor Gericht regelmäßig Recht bekommen!«

Gegenüber Zigaretten können Sie in Amerika geradezu paranoide Verhaltensweisen beobachten, die man woanders nicht versteht.

Offenbar ist es dort leichter, an ein Gewehr zu kommen als an eine Schachtel Zigaretten. Man blendet die Tatsache aus, dass sich jeder dem Rauch einer Zigarette durch einen Schritt zur Seite entziehen kann, nicht aber den Abgasen eines Autos – die Amerikaner sind ein Volk von Autofahrern …

In Amerika sitzt statistisch jeder 120. Bürger hinter Gittern, in Deutschland nur einer von 1200. Wir sollten nicht annehmen, dass Amerikaner um den Faktor 10 krimineller sind als wir. Aber der Gesetzeswirrwarr und die Regulierungssucht ist dort in manchen Bereichen noch größer als bei uns.

Wenn die Gesetze kompliziert genug sind, wird es keinen geben, der diese nicht bei irgendeiner Gelegenheit übertritt.

Auf diese Weise werden ohne jedes Augenmaß Kriminelle erzeugt.

Diese Umstände müssen dazu führen, allzu ausgedehnte Investments in den USA zu überdenken und auf jeden Fall zu diversifizieren, weil die wirtschaftliche Leistungsfähigkeit des Landes Amerika mittelfristig durch die angeführten Umstände leiden könnte. Ein weiterer Grund ist die globale Verschiebung, die mittel- bis langfristig den Akzent mehr in den asiatischen Raum verlegen wird.

Das geringe allgemeine Bildungsniveau, die übertriebene Klagefreudigkeit, die oft anzutreffende militante Nichttoleranz müssen Zweifel aufkommen lassen, ob weitreichende Investitionen hier sinnvoll sind. Dies gilt auch dann, wenn als Investitionshemmnis für Europa regelmäßig strukturelle Defizite wie geringes Wachstum, inflexible Arbeitsmärkte und übertriebene Marktregulierung genannt werden.

Trotz all dieser aufgeführten Bedenken und trotz der Tatsache, dass aufgrund der riesigen Staatsverschuldung in Amerika dem Dollar keine besondere Wertentwicklung zugetraut wird, haben wir dort immer noch die größte Volkswirtschaft der Welt. Auch wenn Jim Rogers, Investor mit Fokus auf Rohstoffen, die Musik künftig in China spielen sieht, sind die USA von der Wirtschaftsleistung immer noch etwa 4 Mal größer und werden bei gegebenen Umständen wohl erst in 10 bis 15 Jahren vom asiatischen Raum eingeholt werden. Diesen Umstand hat John Naisbitt in seinem schönen Buch *Mindset* formuliert, wenn er sagt: »Beachte den Spielstand«, und da liegen die USA trotz der angeführten Nachteile derzeit immer noch deutlich vorn.

Sie sollten die USA daher nicht übergehen – bei Titeln wie 3M (zuverlässiger Wachstumswert, der sein operatives Ergebnis fast immer zuverlässig steigert ebenso wie seine Dividende), Coca-Cola, Exxon, GE, IBM, Johnson & Johnson, McDonald's, Pfizer, Procter & Gamble hätte ich nicht die geringsten Bauchschmerzen, hier zu investieren.

Vorsicht ist immer angebracht, wenn ein Thema zu heftig in der Diskussion steht: Das trifft zu für die BRIC-Staaten (Brasilien, Russland, Indien, China). Es ist schwierig, in diesen Regionen aussichtsreiche Einzeltitel zu finden. Falls Sie hier investieren wollen, können Sie das über einen entsprechenden Fonds tun. Sie könnten aber auch zu dem Schluss kommen, dass zum Beispiel McDonald's weltweit vertreten ist und auch dort gute Geschäfte macht, dass große Konzerne wie Nestlé oder auch Procter & Gamble durchaus erfolgreich Regionen wie Afrika oder die BRIC-Staaten mit abdecken.

Während über Asien sehr viel geredet wird, ist Afrika kaum im Gespräch. In diesem Kontext ist es vielleicht ratsam, mal das Buch von Vijy Mahajan zu lesen mit dem vielsagenden Titel *Afrika kommt*. Es klingt plausibel, wenn er von einem völlig unterschätzten Kontinent spricht, der tatsächlich in vielen Regionen wirtschaftlich ausgesprochen erfolgreich agiert.

Es sieht derzeit so aus, als ob Afrika eine nachhaltige wirtschaftliche Renaissance erleben würde – Afrika könnte ein wichtiges Thema für Investoren werden. Interesse an Afrika hat besonders China, das einen wesentlichen Teil seiner Handelsbilanzüberschüsse dort investiert. Reizvoll an Afrika ist vor allem dessen Ressourcenreichtum, der von Gold, Diamanten, Rohöl, Uran bis zu Agrarrohstoffen viel bietet. Dieses Rohstoffpotenzial ist bei Weitem noch nicht erschlossen und erklärt vielleicht das gewaltige Interesse von China, das mithilfe der agrarischen Nutzflächen von Afrika auch die eigene Bevölkerung ernähren will beziehungsweise muss. Die Wachstumsraten in den vergangenen Jahren liegen bei beachtlichen 6 %. Die USA wollen einen erheblichen Teil ihres Rohöls von eben dort beziehen. Europa investiert in Afrika nur geringfügig, was wegen des dortigen Rohstoffreichtums, der makroökonomischen und strukturellen Verbesserungen sicher ein Defizit darstellt. Afrika ist ein ganzer Kontinent, deshalb ist dort kein »homogenes Investmentziel« zu erwarten, denn neben vielversprechenden Märkten wie etwa Tansania, Uganda oder Sambia gibt es natürlich auch Problemregionen.

Wenn Sie zu Recht befürchten, dass gute Einzeltitel dort schwer zu finden sind, sollten Sie über Lyxor Pan Africa ETF nachdenken, der speziell dort ausgesuchte Branchen und Bereiche einigermaßen kostengünstig abdeckt.

Auf jeden Fall werden Sie eine sinnvolle Aufteilung Ihres Aktienportfolios anstreben, etwa in der Größenordnung 30 % Amerika, 30 % Europa, 20 % asiatischer Raum exklusive 10 % Japan, 10 % Emerging Markets.

Welche Branchen?

»Offensichtliche Wachstumschancen eines Unternehmens bedeuten nicht automatisch Gewinne für die Investoren.«
Benjamin Graham

Wer vor einigen Jahrzehnten richtig vorausgesehen hätte, dass Pferdekutschen nahezu vollständig durch Autos ersetzt würden, und in Automobilfirmen investiert hätte, der hätte keine großen Gewinne eingefahren. Tatsächlich ist es für Sie als Langfristinvestor nicht Ihre wichtigste Aufgabe und auch nicht vordringlich, nach einer schnell wachsenden Branche und nach dem neuesten Hype zu suchen und ebenda zu investieren.

Wachstumsbranchen sind üblicherweise »in«, die Konkurrenz ist groß. Die Gefahr, dass Sie in eine Wachstumsfalle tappen, ist erheblich. Nicht ohne Grund lässt Buffett die Finger von IT-Unternehmen, obwohl oder vielleicht weil er mit Bill Gates gut befreundet ist, und bevorzugt klassische, oft »gereifte« Unternehmen wie Coca-Cola, GE, Johnson& Johnson und vor allem Versicherungen. Diese haben den Vorteil, dass Beiträge, wann immer möglich auch bezahlt werden. Kein Mensch lässt ohne Not seine Versicherung platzen und steht dann ohne Versicherungsschutz da. Wenn die Kosten-Schaden-Relation stimmt, ist das eine vergleichsweise sichere Wette, vielleicht nicht ganz so prickelnd wie die Solarbranche, aber doch sehr zuverlässig. So hat die Münchner Rück, jetzt in Munich Re umgetauft, die letzte Finanz-/Wirtschafts- und Immobilienkrise ganz ordentlich überstanden. Und wenn in Zukunft nicht Hurricans en masse auftreten, dann sollen planmäßig Aktien im Wert von über 1 Milliarde Euro zurückgekauft werden, die Dividende stabil gehalten und mit Wahrscheinlichkeit erhöht werden. Im Gegensatz zum zweitgrößten Rückversicherer, der Swiss Re, ist die Munich Re besser durch die Krise gekommen, weil sie nicht oder weniger gezwungen war, Aktien aus ihrem Portfolio zu verkaufen, ihr Aktienanteil betrug vor der Krise an die 10 %, neuerdings an die 2 %.

Von Jeremy Siegel stammt ein interessanter Vergleich zwischen zwei Aktien, die jeweils eine Gattung vertreten: Er vergleicht Exxon mit IBM ab dem Jahr 1950 und überlegt, welches das bessere Investment gewesen wäre. Interessanterweise war das nicht IBM, sondern Exxon hätte die bessere Rendite gebracht. Bei Exxon gab es eine durchschnittliche jährliche Rendite von 14,4 %, bei IBM von 13,83 %. Dieser Unterschied erscheint auf den ersten Blick nicht spektakulär, wirkt sich aber auf den Zeitraum von 1950 bis 2003, also über 53 Jahre, so aus, dass bei einem Investment seinerzeit von 1000 Dollar bei Exxon 1 260 000 Dollar, bei IBM »lediglich« 961 000 Dollar entstanden wären, also im Endergebnis 24 (!) % weniger.

Als nachvollziehbare Begründung gibt J. Siegel an, dass der Preis, den die Investoren bereit waren, für IBM zu bezahlen, einfach zu hoch war. Obwohl IBM ein höheres Wachstum aufwies als Exxon, konnte Exxon billiger gekauft werden: So lag das durchschnittliche KGV bei IBM bei 26,7, dagegen bei Exxon nur etwa halb so hoch, nämlich bei 12,97. Die durchschnittliche Dividendenrendite bei IBM lag bei 2,18, bei Exxon bei 5,1!

Eine ähnliche Entwicklung könnte sich bei der *Deutschen Telekom* einstellen: Die Telekom wird derart gleichmäßig gehasst aus den unterschiedlichsten Gründen, dass der Titel billig ist und im Sommer 2009 bei rund 8,5 Euro notierte. Wenn man den Ausgabepreis von seinerzeit rund 13 Euro bedenkt, dann hat dieser Titel so viele Leute enttäuscht, dass hier keine großen Erwartungen mehr gehegt werden. Bei halbwegs stabil erscheinender Dividende ist die Telekom eine Überlegung wert.

Es wird Sie immer interessieren, wie das Gesamtergebnis aussieht, also Kursentwicklung plus Dividende.

Empfehlenswert ist, seine Hausaufgaben zu machen und in der aktuellen Finanzliteratur zu erfahren, was gerade »in« ist oder dafür gehalten wird. Sie müssen wissen, was die anderen machen, um das dann gerade nicht zu tun.

Die Beispiele für Fehleinschätzungen, wenn man einem *Megatrend* gefolgt ist, sind zahlreich: In den 20er-Jahren wurden die Eisenbahnen als vielversprechendes Investment betrachtet, die wenigsten sind jedoch damit reich geworden, der Stellenwert der Eisenbahnen im Transportaufkommen ist geringfügig im Vergleich zum automobilen Transport.

Auch wer völlig richtig einschätzte, dass Automobile eines Tages regelmäßig in Staus stecken bleiben, hatte seine Probleme mit dem Reichwerden durch Autoaktien. Kaum ein Automobilhersteller kann ein langjähriges einigermaßen störungsfreies Ansteigen seiner Kurse vorweisen. Zu Recht gelten Autoaktien als Zykliker, von denen Sie nur dann profitieren können, wenn Sie zu idealen Zeitpunkten ein- und vor allen Dingen auch wieder aussteigen. Dieses perfekte Timing schaffen nur die allerwenigsten.

Auf lange Sicht ist mit solchen Aktien wenig verdient, für eine Buy-and-Hold-Strategie sind sie im Prinzip nicht geeignet. Der Kurs einer Daimler-Aktie ist nach 10 Jahren auch nicht viel anders und zwischendrin ist die Aktie intensiv Achterbahn gefahren.

Ebenso enttäuscht hat der *Megatrend Informatik*. Wer hier investierte, konnte das Platzen der Spekulationsblase relativ früh hören. Nur wer sehr früh einstieg und sich beispielsweise früh genug ein Paket Microsoft ins Depot gelegt und das über einen veritablen Zeitraum gehalten hat, muss sich nicht übermäßig grämen.

Megatrends sind nur dann ein gutes Investment, wenn Sie sie sehr früh erkennen und einsteigen.

Über lange Zeiträume relativ stabile Kurszuwächse bescherten in den letzten Jahrzehnten *Konsumtitel* und die *Pharmabranche*. Da die Gesundheit des Menschen höchstes Gut ist, wird auf diesem Sektor immer Nachfrage herrschen. Das ist ja auch der Grund, weshalb Pharmafirmen mit höheren KGVs – zu Recht – gehandelt werden. Es wird immer ein Bedarf nach guten Produkten bestehen.

Die Risiken bei Pharmafirmen liegen woanders: Heute müssen viele Millionen investiert werden, um ein neues Arzneimittel auf den Markt zu bringen. Die Hürden sind so hoch und die Kosten so gewaltig, dass kleinere Firmen solche Lasten nicht schultern können. Nur Firmen mit großem Forschungsetat können solche Entwicklungskosten überhaupt bewältigen. Floppt ein solches Präparat, sind Unsummen in den Sand gesetzt und die schönen Kurse dahin. Die Hürden für neue Medikamente sind heute wesentlich höher als früher. Es wird behauptet, dass ein Medikament wie Aspirin heutzutage wegen eventueller Nebenwirkungen keine Marktzulassung mehr bekommen würde.

Trifft eine solche Katastrophe ein kleinere Firma wie vor Kurzem die Firma Altana, Konstanz, die es nicht schaffte, früh genug einen Nachfolger für den Blockbuster Pantoprazol zu finden, kann dies das Ende eines solchen Unternehmens bedeuten. Altana wurde gekauft von der dänischen Firma Nycomed. Die Mehrheit an Altana hat momentan Frau Klatten, wir werden die Entwicklung verfolgen.

Aber auch eine größere Firma wie Bayer Leverkusen stand gewaltigen Problemen gegenüber, als die Behauptung im Raum stand, dass ihr Cholesterinsenker Lipobay teilweise tödliche Folgen nach sich zöge. In diesem Fall wurde zunächst von rund 50 Toten weltweit gesprochen. Angesichts der Tatsache, dass Cholesterinsenker bevorzugt von Menschen eingenommen werden, die ohnedies nicht gesund sind, darf diese Zahl zu Recht angezweifelt werden.

Das Gleiche gilt für die zweitgrößte Pharmafirma der Welt, den amerikanischen Konzern Merck, der mit der deutschen Merck-Gruppe außer dem Namen nichts gemein hat: Der Kursverfall wurde eingeläutet, als das Medikament Vioxx in den Verdacht geriet, tödliche Nebenwirkungen auszulösen. Das Unternehmen sieht sich jetzt mit mehr als 6000 Klagen konfrontiert und muss viel Energie und vor allem Kapital einsetzen, um mit diesen Folgen fertig zu werden. Kapital, das man lieber in Forschung und Entwicklung gesteckt hätte als in den Rachen von amerikanischen Anwälten.

Ohne diese Fragen klären zu wollen und zu können, wird daran deutlich, dass der *Pharmabereich sehr sensibel* geworden ist und Firmen sich unversehens massiven Schadensersatzforderungen ausgesetzt sehen können.

Als Anleger in diesem Bereich werden Sie sich daher aus Sicherheitsgründen für eine sehr große Firma entscheiden mit einem gewaltigen F + E-Etat (Forschungs- und Entwicklungsetat), die möglichst eine gut gefüllte Produktpipeline aufweisen muss.

Sie können davon ausgehen, dass die großen Player alles daransetzen werden, sich bei jungen dynamischen Biotech- oder Gentech-Firmen einzukaufen, um ihr Produktportfolio aufzufüllen. Ohne ganz besondere Sachkenntnis werden Sie in dem eben genannten Bereich nicht investieren, lassen Sie das die großen Pharmakonzerne für Sie tun und halten Sie sich an die Großen!

Langfristig gute Performance in der Vergangenheit erreichten zum Beispiel Marktführer wie Pfizer, Glaxo-Smith-Kline, Roche, Merck USA und Novartis.

Ein relativ sicherer Hafen sind schon immer eher *langweilige Konsumtitel*. Bei den großen Drei (Nestlé, Kraft und Unilever) können Sie fast nichts falsch machen. Mit explosiven Kurszuwächsen ist nicht zu rechnen. Dafür zeigt die mittelfristige und längerfristige Vergangenheit, dass Umsätze und Gewinne zuverlässig nach oben gehen.

Durch die harte Konkurrenz bleiben die Firmen dynamisch und innovativ, denken Sie nur an die Functional-Food-Produkte, die den Menschen den Gang in die Apotheke und zum Arzt ersparen sollen. Auch wenn sich wahrscheinlich nicht alle Erwartungen erfüllen werden, ist das bemerkenswert viel Fantasie für ansonsten behäbige Konsumriesen. Mit dem Kurs steigen regelmäßig auch die Dividenden. Entsprechende Aktienpakete vorausgesetzt, können Sie bei Dividendenrenditen von 2 bis 3 % allmählich vom Dividendenertrag leben.

Wenn Sie Abenteuer suchen, können Sie das an der Börse auch haben – zulasten der Gewinnaussichten: Technologie, Telekommunikation, Informatik und andere haben in den letzten Jahren für erhebliche Blutdruckschwankungen bei den Anlegern gesorgt.

Trotzdem ist die Beimischung dieser Bereiche sinnvoll und angebracht, um die Gesamtperformance Ihres Depots zu erhöhen.

Zeithorizont

»Wie es Moltke für den Krieg sagte, so braucht man für die Börse die vier Gs: Geld, Gedanken, Geduld und Glück.«
André Kostolany

Der Klassiker von Kostolany – besonders *Geduld* ist wichtig, denn die Entwicklung Ihres Portfolios benötigt Zeit, in der Sie unvermeidlich Höhen und Tiefen erleben werden. Sie müssen genügend Geduld mitbringen und dürfen keine überzogenen Vorstellungen haben, dann werden Sie im Laufe der Zeit immer weniger enttäuscht werden.

In einschlägigen Werken lesen Sie mit großer Regelmäßigkeit, dass Sie in jungen Jahren einen hohen Aktienanteil im Portfolio haben sollten, später dann, wenn Sie auf die Rente zugehen oder im Ruhestand sind, sollte der Aktienanteil sukzessive runtergefahren werden. Das wird so oft gesagt, dass dies ein Anlass sein könnte, auch darüber mal nachzudenken. Ihr Zeithorizont ist zunächst mal mindestens Ihre eigene Lebenserwartung, möglicherweise aber doch deutlich länger, wenn Sie einen Lebensgefährten haben und/oder auch Kinder. Vielleicht ist die Vorstellung nicht abwegig, dass Sie ihnen etwas vererben wollen, auch wenn sie Ihnen nicht regelmäßig zum Geburtstag gratuliert haben. Es könnte Sie auch der Gedanke stören, dass Ihre Einzahlungen in Ihr berufsständisches Versorgungswerk oder in die BfA – oder wo auch immer diese hingeflossen sind – größtenteils »perdu« sind nach Ihrem Ableben – und Sie hätten eigentlich doch ganz gern eine Organisation wie »Ärzte ohne Grenzen« mit etwas Geld bedacht.

Wenn Sie bereits 65 sind und Ihr/e Partner/in ein paar Jahre jünger ist, dann bestehen beste Aussichten, dass wenigstens einer von Ihnen, (vielleicht sogar beide) das 90. Lebensjahr erreicht. Und Kinder sind auch noch da. Damit liegt – schwups – Ihr Anlagehorizont bei gut und gern 30 Jahren oder sogar mehr. Gelegentlich soll es sogar vorkommen, dass »ältere Semester« sich sehr jungen Frauen zuwenden, damit expandiert Ihr gemeinsamer Zeithorizont noch einmal. Es ist dummes Zeug, wenn gesagt wird, dass im Alter die Ansprüche weniger werden, das Gegenteil ist der Fall! Sie haben dann viel mehr Zeit, um Geld auszugeben, und wollen es üblicherweise auch ausgeben. Diese Zeit hatten Sie während Ihrer Berufstätigkeit nicht. Und wenn es ganz dumm läuft, brauchen Sie jemanden, der Sie gegen gutes Geld pflegen oder Ihnen behilflich sein soll. Gerade im Alter können Sie sich für Geld so sehr viel Komfort ermöglichen.

Über derart lange Zeitspannen sind Aktien völlig unstrittig die ertragreichste Anlageklasse von allen liquiden Vermögenswerten. Nach Ken Fisher, dem hier öfters zitierten Vermögensverwalter, gab es seit 1926 in den USA insgesamt 66 mögliche 15-Jahres-Perioden. In 61 von 66 Perioden übertrafen Aktien die Anleihen und erzielten in diesem Zeitraum einen Durchschnittsertrag von 481 %, wogegen die Anleihen nur 150 % brachten. Bei noch längeren Zeiträumen als 15 Jahren verschiebt sich die Relation noch weiter zugunsten der Aktien.

Nüchtern müssen wir feststellen, dass viele es sich gar nicht leisten können, im Alter ihre Vermögenswerte stagnieren oder sinken zu lassen. Zinszahlungen sind der Inflation unterworfen und es ist keineswegs sicher, dass Zinssätze immer dergestalt sind, dass Sie davon gut leben können – in Japan tendierten Zinsen viele Jahre gegen null. Und auch im

Moment haben wir eine ausgesprochene Niedrigzinspolitik. In diesem Fall benötigen Sie Kapital. Bei Anleihen werden Sie niemals mehr bekommen als den vereinbarten Zins, bei guten Aktien haben Sie eine reelle Chance auf Wertzuwachs und auf eine Zunahme der Ausschüttungen. Wir denken daran, dass die Aktienmärkte im Gegensatz zum Roulettespiel kein Nullsummenspiel sind, beim Roulette arbeiten die Statistik und die Anzahl der Spiele gegen Sie. Wenn die Kugel auf Zero fällt, ist der Einsatz verloren. Aktienmärkte gehen tendenziell unter Schwankungen nach oben – wir denken dabei an das Bild von Kostolany, der mit seinem Dackel spazieren geht: *Während Herrchen gemütlich voranschreitet, rennt der Dackel mal vor, mal zurück, bewegt sich aber insgesamt auch vorwärts.*

Ken Fisher bringt hier ein schönes Beispiel von einer Anlegerin namens Jane. Diese hat eine Pension als Basiseinkommen für ihren Ruhestand, von der sie notfalls leben kann. Sie will vor allem ruhig schlafen können und ihren Kindern etwas hinterlassen, eine »Endwertmaximierung« ist nicht ihr vorrangiges Ziel. Fisher empfiehlt Jane neben der Pension eine Anlage vollständig in Aktien, weil ihr Zeithorizont lang genug ist und sie nicht unbedingt auf regelmäßige Entnahmen aus ihrem Depot angewiesen ist.

Wenn Ihr Anlagevermögen unter 200 000 Euro liegt, könnten Sie über Fonds – am ehesten Indexfonds – nachdenken. Wenn Sie in der Materie drin sind, sollten Einzelaktien eine wesentliche Rolle spielen, die Sie über Direktbanken ausgesprochen günstig beziehen können. Sind Sie etwas reicher, sollten Sie nach Möglichkeit noch mehr Einzelaktien berücksichtigen, weil selbst bei Indexfonds noch unnötige Kosten anfallen, die sich immerhin zwischen 0,2 und 0,8 % bewegen können. Das sind bei einer Million Anlagevolumen zwischen 2000 und 8000 Euro pro Jahr, die Sie sich sparen können.

Altersvorsorge

»Die beiden schwersten Sachen an der Börse sind, einen Verlust hinzunehmen und einen kleinen Profit nicht zu realisieren. Am schwersten aber ist es, eine selbstständige Meinung zu haben, das Gegenteil von dem zu machen, was die Mehrheit tut.«
André Kostolany

Wir schreiben das Jahr 2 der *Abgeltungsteuer*. In wirtschaftlich schwierigen Zeiten hat die Bundesregierung den Altersvorsorgebemühungen der Bundesbürger einen empfindlichen Schlag versetzt.

Umso wichtiger erscheint eine nüchterne, realistische Finanzplanung. Bei stark gestiegener Lebenserwartung und staatlichem Zickzackkurs werden die sozialen Sicherungssysteme unsicherer. So früh wie irgend möglich muss parallel *finanzielle Zukunftsplanung* betrieben werden.

Langfristiges Investieren kann unglückliche Entwicklungen im wirtschaftlichen beruflichen Umfeld kompensieren. Verschiedene »Assetklassen« (Anlageklassen) müssen bedacht werden: Immobilien, unternehmerische Beteiligungen an Windkraftwerken, Schiffsbeteiligungen, Solaranlagen etc., Pretiosen wie Gold, Silber, Diamanten, Aktien, Lebensversicherungen, berufsständische Versorgung ... – Fehler müssen vermieden werden, die bei reichlichem Einkommen vielleicht kompensiert werden können, aber nicht in einer Zeit schrumpfender Einnahmen.

Mir erscheint die Aussage wichtig und zutreffend, dass bei *langfristiger Betrachtungsweise* das sicher ist, was auf den ersten Blick unsicher erscheint: Keine Assetklasse wird so kritisch beäugt wie die Aktienmärkte, die daher gerade dem Berufsanfänger bei langem Anlagehorizont besonders gute Anlagemöglichkeiten bieten. Der Privatanleger, der »keine Zeit« hat, muss spezielle Strategien verfolgen. Wenn er innerhalb seiner Grenzen bleibt, ist er dem professionellen Anleger ebenbürtig, weil dieser oft den Fehler begeht, zu sehr dem *Mainstream* verhaftet zu sein. Während bei den Aktienmärkten das Wissen des Marktes weitgehend »eingepreist« ist, sind die anderen o. g. Assetklassen intransparenter und damit viel riskanter.

Wer über Geldanlagen jenseits von Anleihen und Festgeldern nachdenkt, sollte sich das Buch *Lizenz zum Bauernfang* von Stefan Loipfinger zu Gemüte führen, der sich über Fondsanlagen auslässt. Was bei solchen Anlagen und Beteiligungen dem Anleger zugemutet wird, ist wahrhaft unerträglich. Speziell gegen Jahresende kommen mit der Post Hochglanzprospekte, die für unternehmerische Beteiligungen werben. Berufsgruppen, denen hohes Einkommen unterstellt wird, sind für solche Verkäufer eine willkommene Zielgruppe – umso wichtiger, dass wir uns gegen Bauernfängerei wehren. Im Vergleich zu derartigen Anlagen, bei denen »weiche Kosten« und Provisionen eine wesentliche Rolle spielen, ist der Aktienmarkt ein Hort der Redlichkeit und Transparenz.

Als Privatanleger befinden wir uns regelmäßig in der Situation, dass wir Entscheidungen treffen müssen, obwohl wir einen Sachverhalt in der Regel nicht so genau kennen können wie ein »Experte«, der vor uns sitzt und sein jeweiliges Gebiet wahrscheinlich besser kennen sollte. Diesen Nachteil können wir nicht nur kompensieren, sondern sogar überkompensieren, wenn wir Entscheidungen bezüglich der Anlageklassen selbst treffen, weil wir zu Recht annehmen sollten, dass der Fachmann uns gegenüber möglicherweise sein jeweiliges Anlagegebiet einseitig bevorzugen wird.

Dem Altmeister der Börsenstrategie, André Kostolany, wird das Bonmot zugeschrieben, dass man sein Vermögen wie folgt strukturieren solle: 1/3 in Gold, 1/3 in Immobilien, 1/3 in Aktien, 1/3 im Ausland. Kostolany war ein Mann von Humor und ein Kenner der menschlichen Psyche. Von *Gold* hielt er auf seine alten Tage immer weniger, dafür legte er seinen Zuhörern die Aktienanlage umso mehr ans Herz, wobei er den Rat gab, sie sollten in der *Anlegerkategorie* – im Gegensatz zu den Spekulanten – spielen. Für diese konservativen Anleger hat er den oft zitierten Satz geprägt: »Solide Aktien kaufen, dann Schlaftabletten nehmen und erst einige Jahre später das Depot wieder inspizieren.« Dieses Vorgehen sah er aber nur bei den solidesten Aktien als zulässig an und er grenzt davon säuberlich die »Zockerpapiere« ab. Solche Aussagen gefallen Brokern nicht, die von »Churning« (»Buttern«) leben, das heißt vom häufigen Umschichten des Depots.

Wir haben bislang wenig gesprochen von Cash und Anleihen. Wer sich damit auf der sicheren Seite wähnt, muss bedenken, dass diese Assetklasse beileibe keinen »sicheren Hafen« darstellt. Im Gegenteil. Wenn wegen der aktuellen Finanzkrise massiv Geld in das Finanzsystem gepumpt wird – Ben Bernanke wird folgende Äußerung nachgesagt: »Wenn es denn sein muss, fliegen wir mit dem Hubschrauber übers Land und werfen Geld ab ...« –, dann ist eine *kräftige Inflation* unausweichlich. Da soeben die Banken mit gewaltigem Aufwand vor dem Schlimmsten bewahrt wurden, wird eine kräftige Inflation noch wahrscheinlicher. Das Schreckgespenst einer Deflation ist dank vereinter globaler Bemühungen ausgesprochen unwahrscheinlich. Es hätte ja die Folge, dass die Staatsschulden immer drückender und wertvoller würden – das wird nicht im Interesse irgendeines Staates liegen.

Beim Geld bleibt immer die Sorge, was ausbezahltes Geld nach vielen Jahren noch wert ist. Eine Inflation wird kräftig daran nagen, Steuer und Inflation werden den Geldwert zuverlässig mindern.

Der berühmte Investor Jeremy Siegel hat einmal für einen 200-Jahres-Zeitraum die *Performance von Cash, Gold, Anleihen und Aktien* verglichen. Das Ergebnis ist erstaunlich: So wären aus einem Dollar nach 200 Jahren »unterm Kopfkissen« gerade mal 7 Cent an Kaufkraft übrig, bei Gold wäre der Wert immerhin gleich geblieben, Anleihen wären etwa auf einen Wert von 500 Dollar angewachsen, ein gut diversifiziertes Aktiendepot dagegen auf einen Wert von sage und schreibe rund 600 000 Dollar angestiegen.

Ohne Zweifel stellen solide Aktien bei ausreichender Diversifikation und längerem Anlagehorizont trotz Abgeltungsteuer die rentabelste Assetklasse dar. Die *größere Rendite* »bezahlt« der Anleger mit *höherer Volatilität* (Schwankungsbreite), die sich allerdings nach Burton Malkiel, Investmentstratege, bei längerer Anlagedauer auf einen Mittelwert von um 10 % plus/minus 2 nivelliert.

Wie bekannt, sind die allermeisten aktiv gemanagten Aktienfonds nicht besonders erfolgreich. In etwa 80 % der Fälle wird die jeweilige Benchmark eben nicht geschlagen. Das wundert nur den, der die happigen Ausgabeaufschläge, Transaktionskosten und Managementgebühren nicht bedenkt. Dazu kommt die Tatsache, dass viele Manager dem Gesetz der Lemminge folgen (müssen) und sich gezwungen sehen, einem *vermeintlich sicheren* Trend hinterherzuhecheln. Bei Dachfonds können wir getrost davon ausgehen, dass noch weitere zusätzliche Kosten anfallen. Die Suche nach dem idealen Fonds gleicht daher der Suche nach einer verlorenen Perle – die findet man meist eben nicht.

Von John Templeton, dem Begründer des Templeton-Fund, kommt sinngemäß die Aussage: »Sei gierig, wenn andere ängstlich sind, und ängstlich, wenn andere gierig sind.« Im März 2009 sah es eher so aus, als ob die Anleger die Hosen »gestrichen voll« hätten, daher war es nicht überraschend, wenn nach diesem allgemeinen Ausverkauf bis zum Herbst ein Anstieg der meisten Indizes bis um 40 % erfolgte.

Steuern

»Zahlst du Steuern, bist du blöd, zahlst du keine Steuern, bist du pleite.«

So brachte das ein Berater mal auf den Punkt, dem ich vollinhaltlich zustimme! Der *Steuerspartrip* ist bei uns besonders stark ausgeprägt – mit der bitteren Folge, dass viele in den letzten Mist investieren, um etwas Steuern zu sparen. Mit dem Fiskus legen wir uns besser nicht an, schon im alten Rom galt, dass der Kaiser seinen Tribut bekommen soll, wenngleich die Steuersätze seinerzeit wohl noch etwas gnädiger waren.

Deutschland ist so ziemlich das *Gegenteil von einem Steuerparadies*. Es hat nicht nur mit die höchsten Steuersätze der Welt, dazu kommt erschwerend, dass der Großteil der Steuerliteratur, angeblich etwa 80 %, hier in Deutschland verfasst wurde. Im Gegensatz zu manch anderen Ländern wird obendrein auf die Einhaltung der Steuergesetze auch strikt geachtet.

Nur den Bundestagsabgeordneten wird eine enorme steuerfreie, sogenannte Aufwandspauschale zugebilligt. Diese ist so hoch, dass die Parlamentarier das zusätzliche Bruttogehalt nicht mehr ganz so ernst nehmen müssen. Müssten sie Belege sammeln wie ein normaler Steuerbürger, hätten wir sehr wahrscheinlich ein einfacheres und durchschaubareres Steuersystem, mit dem man leben könnte. So aber haben wir nicht nur die *höchsten Steuersätze der Welt*, sondern auch noch ein höchst kompliziertes und undurchschaubares System.

Manchen Politikern aus der linken Neidecke reicht das immer noch nicht aus und deshalb fordern sie eine weitere Verschärfung des Steuerrechts, so Jürgen Meyer, Juraprofessor, SPD. Nach Meinung von solchen Leuten soll mit Gefängnis bestraft werden, wenn ein Rentner mehrmals »vergisst«, Zinseinnahmen anzugeben oder ein Aktiensparer seine Gewinne falsch berechnet (FOCUS MONEY vom 6.6.02). Sie sehen, man muss die Steuergesetze nur kompliziert genug machen, dann ist buchstäblich jeder kriminell und keiner mehr unschuldig. Es ist dann auch bei gutem Willen sehr schwer, alles korrekt zu handhaben. Das Leben sollte aber nicht darin bestehen, all diesen schwachsinnigen Vorschriften zu genügen. Persönlichkeiten, wie gerade erwähnt, sollten sich woanders austoben und die Entwicklung einer Volkswirtschaft nicht blockieren.

Oder denken Sie an das frühere 630-DM-Gesetz respektive 325-respektive 400-Euro-Gesetz: Aus einer einfachen, verständlichen Regelung wurde infolge »Gerechtigkeitsfimmel« und Kontrollsucht ein bürokratisches Monster. Das hatte und hat den Effekt, dass vielen Menschen ein unkomplizierter Zusatzverdienst verwehrt wird, einige Branchen gerieten in akute Personalnot und wussten sich nur durch vermehrten Einsatz von Schwarzarbeit zu helfen (zum Beispiel die Gastronomie).

Die schikanöse Steuergesetzgebung hat zur Folge, dass Kapital abwandert. Geld ist wie ein »scheues Reh«, das dahin geht, wo es sich wohlfühlt. Große Konzerne und immer mehr Mittelständler haben aus diesem Grund ihre Zentralen verlagert und lassen vermehrt im Ausland produzieren, wo dann auch Arbeitsplätze entstehen. Nicht ohne Grund ist Deutschland in der wirtschaftlichen Entwicklung stark zurückgefallen. Während Sie in Staaten wie USA oder auch Hongkong ein Unternehmen gründen können, wenn Sie eine einzige Seite Papier ausfüllen, werden Ihnen hierzulande Hürden über Hürden in den Weg gestellt. Vielen sind diese Schwierigkeiten zu groß und sie resignieren.

In diesem über die Maßen komplizierten Steuersystem, in dem ein normal intelligenter Bürger regelmäßig nicht in der Lage ist, seine Steuererklärung auszufüllen, war die Aktie bis Ende 2008 ein kleiner steuerlicher Lichtblick. Dieser wurde mit der Abgeltungsteuer eliminiert.

Trotz all dieser Ausführungen spielen steuerliche Aspekte für Sie als Anleger keine sehr große Rolle. Anders ist es, wenn Sie heftig hin und her zocken. Dann müssen Sie sich außer mit wahrscheinlichen Verlusten auch noch mit der Steuer herumschlagen!

Kommen Sie nicht in Versuchung, hier mit *Schwarzgeld* zu arbeiten, die Kontrollmöglichkeiten des Staates werden immer ausgefeilter, die Finanznot des Staates wird immer größer und Sie bringen sich nur in unnötige Verlegenheit, wenn Sie hier nicht korrekt vorgehen. Im Übrigen brauchen Sie für Ihre Investitionen *weißes Geld*! In der Anlegerkategorie sind Ihre steuerlichen Verpflichtungen einigermaßen erträglich.

Steuermodelle

»Dem Geld darf man nicht nachlaufen. Man muss ihm entgegengehen.«
Aristoteles Onassis

Viele Bundesbürger versuchen verzweifelt, Steuern um jeden Preis einzusparen. Das führt viel zu häufig zu wirtschaftlich unsinnigen Entscheidungen. Beteiligungen müssen sich unter allen Umständen auch ohne die steuerliche Komponente rechnen, sonst lassen Sie besser gleich die Finger davon. In diesem Punkt mag Onassis Recht haben – Gelassenheit ist angebracht.

Sie haben nur die Wahl, Ihr Geld mit hundertprozentiger Sicherheit der Steuer zu überlassen oder es mit fast ähnlicher Wahrscheinlichkeit in einem der *Steuersparmodelle* zu versenken. Die meisten sind nicht gut.

Gäbe es vernünftige oder wenigstens einfache, nachvollziehbare Steuersätze, dann käme kein Mensch auf die Idee, Schiffe in Deutschland oder Wohnungen in Ostdeutschland zu bauen oder den notleidenden deutschen Film mit Barem zu unterstützen. Steuermodelle sind politisch gewünscht. Es ist daher infam, wenn auch von offizieller Seite gegen diejenigen vom Leder gezogen wird, die in solchen Bereichen investieren. Bei moderaten Steuersätzen käme kein Mensch auf die Idee, da er dabei mit hoher Wahrscheinlichkeit sein Geld verliert.

Von der Investition in Modelle mit wesentlicher steuerlicher Komponente muss ich Ihnen abraten. Wenn es Ihr Gewissen beruhigt, weil Sie nicht als einziger Trottel dastehen wollen, der bei diesem Spiel vor der Tür steht, sollten Sie in solchen Modellen nur einen kleinen Teil Ihres Einkommens unterbringen und sich möglichst frühzeitig mit dem Gedanken vertraut machen, dabei wahrscheinlich ganz oder teilweise eingesetztes Kapital zu verlieren.

Denken Sie daran, dass gerade der Staat in solchen Bereichen nichts verschenken will und Sie deswegen ein hohes unternehmerisches Risiko tragen lässt. Es werden daher gern gerade solche Bereiche staatlich/steuerlich gefördert, die ansonsten unattraktiv und wenig profitabel sind.

Bei »Modellen«, sofern überhaupt irgendwelche in die engere Auswahl kommen, ist höchste Beraterkompetenz gefragt. In diesem Fall werden Sie ohne Beratung nicht auskommen, was von vornherein gegen solche Modelle spricht, weil die Abhängigkeit von seriöser Beratung zu groß ist. Sie selbst können unmöglich wissen, wie hoch die durchschnittliche Windgeschwindigkeit am geplanten Standort eines Windkraftwerkes ist und ob Motoren von Siemens, GE oder von Vestas die besseren sind.

Ebenso entzieht es sich wahrscheinlich Ihrer Kenntnis, welche Tonnagegrößen bei Doppelhüllentankern in etwa 5 Jahren voraussichtlich nachgefragt werden. Sie wissen auch nicht, welche Spielfilmkategorie bei einem Medienfonds die erfolgversprechendste sein wird, falls Sie die deutsche Spielfilmindustrie fördern wollen, damit sie nicht gänzlich untergeht.

Alles ganz heiße Eisen und extrem beratungsintensiv. Nur Berater mit sehr langjähriger Erfahrung und höchster Seriosität kommen infrage! Bedenken Sie auch, dass in solchen Modellen Liquidität auf Jahre hinaus gebunden ist und dass Sie in solche Modelle leicht einsteigen, aber kaum ohne Blessuren und Geldverlust wieder vorzeitig aussteigen können, falls Sie mal Geld brauchen. Gehen die Beteiligungen pleite, müssen Sie erhaltene Ausschüttungen zurückbezahlen, eventuell erhaltene Steuervorteile können rückgefordert werden. Cave!

Verschuldung

»Denke lieber an das, was du hast, als an das, was dir fehlt!«
Mark Aurel

Finanzberater und Bankmenschen raten Ihnen häufig dazu, sich zu verschulden, entsprechende Bonität vorausgesetzt. Argument ist regelmäßig die Tatsache, dass betrieblich veranlasste Schuldzinsen oder Zinsen bei fremdgenutzten Immobilien steuerlich abzugsfähig sind und in geschäftliche Aktivitäten *kein eigenes Geld* eingebracht werden soll. Schuldzinsen müssen natürlich steuerlich abzugsfähig sein, wenn diese Konstruktionen überhaupt Sinn machen sollen.

Diese Empfehlung wäre eventuell bei Frau Schickedanz, Quelle, stark verarmt, sinnvoll gewesen, die sich mit erheblichem eigenem Vermögen in ihrer Firma engagiert hat und trotzdem keinen Erfolg hatte. Denken Sie daran, dass Schulden immer erhebliche *Abhängigkeit* bedeuten, die Ihnen Freiheit nehmen. Selbst wenn gelegentlich kleine Vorteile zu winken scheinen, darf die Frage erlaubt sein, ob das im Einzelfall den Verlust der Autonomie aufwiegt. Nicht immer geht es ohne Schulden – es wäre romantisch, das zu glauben, aber ohne solche ist die Freiheit um einiges grenzenloser.

Die Interessenlage der Berater ist eine andere: Regelmäßig bezahlte Schuldzinsen sind eine gute Einkommensquelle für die Bank, Kredite sind meist über die Maßen abgesichert, Zinsen dafür auch in Niedrigzinsphasen wie derzeit unverhältnismäßig teuer. Vergleichen Sie doch mal die Soll- und Habenzinsen auf einem Dispokonto! Versuchen Sie daher ernsthaft, wenn auch nicht unbedingt verzweifelt, Ihren *Verschuldungsgrad zurückzufahren*. Schulden können sinnvoll sein, wenn Sie auch in Zukunft von einem gesicherten Einkommen ausgehen können, mit anderen Worten, wenn Sie verbeamtet sind und nicht planen, »silberne Löffel zu klauen«. Ich kann mir nicht viele Berufe vorstellen, bei denen eine sichere Anstellung auf Jahre hinaus gewährleistet ist – denken Sie an große Firmen wie AEG, Arcandor, Opel ... Ihre eigene finanzielle Sicherheit ist wesentlich größer, wenn Ihr Verschuldungsgrad gering ist oder am besten nicht vorhanden ist.

Schlechte Phasen an Aktien- oder Immobilienmärkten werden Sie ohne Schulden wesentlich lockerer aussitzen. Ein hoher Verschuldungsgrad kann Sie existenziell gefährden: Früher wurde es oft toleriert, wenn eine Immobilie zu 100 % finanziert wurde, in den USA zeitweise noch höher – mit bekannten Folgen. Bei einer einzigen Immobilie ist das überschaubar. Haben Sie viele Immobilien zu einem hohen Prozentsatz finanziert, weil Sie die ganz große Nummer drehen wollen, kann es Ihnen gehen wie dem früheren Gewerkschaftsboss Vietor, der einige Tausend Wohnungen zu hoch finanziert hatte: Wenn das allgemeine Marktniveau nur wenig nachgibt, reichen die Einnahmen nicht mehr für die Kapitaldienste und Sie kommen in Unterdeckung. Was Sie bei einer einzigen Wohnung zur Not noch wegstecken können, schaffen Sie nicht mehr bei vielen. Das Loch, das sich auftut, ist nicht mehr zu stopfen.

Selbst clevere Milliardäre wie ein Adolf Merckle, vormals einer der reichsten deutschen Bundesbürger, musste diese bittere Erfahrung machen: Obwohl sein Unternehmen nicht bis zur Halskrause finanziert war, fielen die Preise seiner Sicherheiten (Aktien) so sehr, dass ihm die Banken keinen weiteren Kredit mehr einräumen wollten.

Dies gilt für alle Finanzierungskosten. Durch aufwendige Computerprogramme wird Ihnen vorgerechnet, dass Sie eine Menge Steuern sparen können. Diese Berechnungen sind zutreffend, sie täuschen allerdings eine Pseudogenauigkeit vor und verschleiern den wichtigsten Parameter: Alle diese Konstruktionen rechnen sich nur dann, wenn Ihr Einkommen lange Zeit hoch bleibt. Aber wer kann das in diesen Zeiten garantieren?

Kein Computer kann ausrechnen, wie Ihr Einkommen in einigen Jahren aussieht.

Sobald Ihr Einkommen deutlich sinkt, oder wenn Sie keine Lust mehr haben, so viel zu arbeiten, entbehren diese Berechnungen der wichtigsten Grundlage – nämlich Ihr zukünftiges Einkommen – und Sie können sämtliche Berechnungen auf den Müll werfen. Bei starker Verschuldung sind Sie abhängig von einem hohen und regelmäßigen Einkommen und Sie müssen vor allen Dingen auch dann viel arbeiten und verdienen, wenn Sie vielleicht gar keine Lust mehr dazu haben.

simplified

2 Informationen und Informanten

Die Informationsflut

»Das Vermögen soll durch Mittel erworben werden, die von Unsittlichkeit frei sind. Erhalten aber soll man es durch Genauigkeit und Sparsamkeit.«
Marcus Tullius Cicero

Informationen haben wir bei Gott mittlerweile genug und darüber hinaus sind diese auch noch kostenlos erhältlich. Damit sind die Informationsmedien sicher von Unsittlichkeit frei, noch beruhigter wären wir allerdings, wenn auch die Informanten zuverlässige und zutreffende Informationen liefern würden: Es gibt genügend Fälle von Insidern, die aufgrund spezieller Informationen zu Geld gekommen sind, und oft genug werden Penny Stocks oder Aktien-Ramsch durch euphorische Darstellung schöngerechnet.

In diesem Punkt haben wir das gegenteilige Problem von früher. Es besteht darin, *aus dem Überangebot, dem Informationsmüll, Brauchbares auszusortieren*. Moderne Kommunikation ist schnell und grenzenlos. Durch das Internet erreichen viele Informationen sehr viele Marktteilnehmer gleichzeitig, ein Informationsvorsprung ist kaum noch gegeben.

Wenn in vergangenen Jahrhunderten die frühzeitige Information Möglichkeiten zum Reichwerden bot, laufen Sie heute eher Gefahr, auf einen heißen Tipp hereinzufallen.

Trotzdem müssen Sie sich sehr sorgfältig informieren. Das bedeutet im Gegensatz zu früher, dass Sie nicht lesen sollen, Sie müssen vielmehr sichten und dabei selektieren. Falls zeitlich möglich, ist die tägliche Lektüre von *Financial Times Deutschland* und *Handelsblatt* sinnvoll, dazu einige Börsenmagazine, um zu erfahren, was die Meute macht und was trendy ist. Dann achten Sie sehr darauf, bei diesem Haufen nicht dabei zu sein und möglichst das Gegenteil zu machen.

Von den vielen Börsenmagazinen bevorzuge ich eindeutig die *BÖRSE ONLINE*, weniger wegen der schönen Geschichten, sondern hauptsächlich wegen der gut aufbereiteten und sehr übersichtlichen Datenbank am Schluss des Heftes. Wenn Sie ein Aktienengagement vorhaben, sollten Sie ja informiert sein über die Entwicklung des operativen Gewinns während der letzten Jahre, Sie sollten darüber hinaus informiert sein über KGV, KUV und KBV. Auch wenn ich von der Charttechnik nicht viel halten, ist der Chart über einen möglichst langen Zeitraum immerhin einen Blick wert, damit Sie nicht zufällig in einen »Blow-up« hineingeraten. Wenn Sie dann noch mehr Zeit haben, können Sie sich über Unternehmensgeschichte und weitere Details informieren. Damit haben Sie eine passable Basis für eine Entscheidung.

Gute Informationen erhalten Sie auch vom Magazin des SAC, des Stuttgarter Aktienclubs, das ich auch deshalb sehr schätze, weil man wenig Aktionismus an den Tag legt.

Wenn Sie nicht wissen, was alle machen, laufen Sie Gefahr, das Gleiche zu tun.

Effektiv werden Sie nur dann sein, wenn Sie den Informationsmüll, die Hauptmasse der angebotenen Literatur, aussondern. Und effizient sind Sie dann, wenn Sie antizyklisch und gegen den Konsens beziehungseise Trend agieren.

Unterscheiden Sie Informationsmüll von wichtigen Nachrichten!

Von Bedeutung sind Ihre anvisierten Unternehmen, über die Sie sehr viel erfahren müssen. Vermeiden Sie den Fehler, die aktuellen Nachrichten zu hoch zu bewerten. Jeder Mensch neigt dazu, das als besonders wichtig zu empfinden, was er gerade gehört hat. Aber heutige Nachrichten sind morgen Schnee von gestern. Und für Sie als Spätmerker – nach den Profis – sind aktuelle Nachrichten schon kaum noch kursrelevant.

Aber Schlüsse zu ziehen über mögliche Konsequenzen, das ist Ihre Aufgabe und da haben Sie keine große Konkurrenz, denn für viele Menschen ist *Nachdenken eine der härtesten Aufgaben* schlechthin, sodass sie es auch gern unterlassen.

Bankberater

»Ein Experte ist ein Mensch, der kleine Fehler vermeidet, während er einen großen Irrtum begeht.«
Benjamin Stolberg

Die Intention von Bankberatern unterscheidet sich erheblich von Ihren Interessen. Sie sind gehalten, Umsätze zu tätigen. Im Extremfall betreiben sie zu Ihren Ungunsten »Churning«, das heißt, sie kaufen und verkaufen ohne jeglichen Grund Papiere, nur um Umsätze zu schinden. Das beschreibt der alte Kalauer und ist die Antwort auf die Frage:

»Wie kommt man am schnellsten zu einem kleinen Vermögen?« – Antwort: »Indem man vorher ein großes hatte ...«

Und das ist ein weiterer Grund, weshalb Sie Ihre Geschäfte vorwiegend selbst und in *Eigenverantwortung* tätigen sollten.

Mitarbeiter der Banken müssen ständig ihre Existenz rechtfertigen und Umsätze vorweisen. Wenn Ihnen das klar ist, können Sie solche Aktivitäten ausbremsen und von ihren Erfahrungen profitieren. Das geht allerdings nur, wenn Sie sich vorher selbst eine Meinung gebildet haben.

Trotz vieler Informationen können Bankberater nicht alles wissen. Selbst clevere, seriöse Berater waren zum Beispiel überrascht, dass Worldcom seinerzeit stark verschuldet war und wegen fraglicher Bilanzierungspraktiken im April 2002 einen Kurssturz von rund 99 % hinnehmen musste.

Ebenso wenig konnte ein Banker in die Bücher des Finanzdienstleisters MLP hineinschauen, dem Ähnliches vorgeworfen wird. Aber er hätte Ihnen sagen sollen, dass MLP zeitweilig mit einem KGV von über 100 sehr teuer und von daher als ziemlich riskant einzustufen war. Das ist systemimmanentes Risiko. Doch wenn der Berater nicht in der Lage ist, vor stark überteuerten Aktien wie seinerzeit MLP oder den Aktien des Neuen Marktes zu warnen, dann brauchen Sie seine Dienste nicht.

In ihrer Ausgabe vom 17.5.2002 schreibt die *Financial Times Deutschland* unter der Überschrift »Täglich neu betrogen«, wie Vermögensverwalter und »Anlageberater« ihre Kunden schröpfen. Sie berichtet vom Fall eines Kunden, dessen Vermögen von 600 000 DM so lange umgeschichtet wurde, bis noch ein kläglicher Rest von 18 000 DM übrig blieb. *Gründe für eine Umschichtung* lassen sich immer finden, schließlich verdienen die Banken an einer Buy-and-Hold-Strategie wenig. Und das Wertpapiergeschäft ist für die Banken bedeutsamer geworden, seitdem viele Kleinsparer nicht mehr nur mittels Sparbuch sparen, sondern auch die Welt der Aktie entdeckt haben.

Es dauert einige Zeit, bis Unerfahrene und Gutmütige merken, dass manche Banken mit ihnen das üble Spiel der *Provisionsschinderei* betreiben. Die Banken und auch die Berater stehen dabei durchaus unter Druck: Karriere macht derjenige, der Umsätze bringt – so kann der knallharte Vertriebsdruck Mitarbeiter zum Aktionismus verleiten.

Fehler und Fehleinschätzungen sind an der Börse unausweichlich. Wenn Sie das nicht aushalten können oder wollen – gut zu verstehen – dann sollten Sie Ihren Aktienanteil zugunsten von Anlagen reduzieren, deren relative Sicherheit größer ist.

Allerdings fällt es mir schwer, solche zu benennen: Wer immer Immobilien als sichere Anlage verstanden hat, musste in den späten 90er-Jahren und darüber hinaus erleben, zu welch miesen Preisen Immobilien verkauft wurden. Und für viele Ostimmobilien fanden sich überhaupt keine Käufer. Es kann manchmal Jahre dauern, bis ein halbwegs akzeptabler Preis erzielt werden kann, viel Geld wird verloren bei Notverkäufen.

Beruhigend aber im Unterschied zum Aktienmarkt: Sie müssen nicht täglich in der Zeitung nachlesen, wie stark die Preise im Keller sind. Immobilienpreise kann man innerhalb einer Bandbreite lediglich vermuten –

auch diese können sich bis zuletzt ändern, wenn es denn »zum Schwur« beim Notar kommt.

Auch Investitionen in Festverzinsliche bieten nur relative Sicherheit. Wenn Sie im Urlaub erlebt haben, wie stark ein Euro im Vergleich zum Schweizer Franken an Wert verloren hat, dann bekommen Sie von Relativität eine neue Vorstellung. Wenn Sie in der Schweiz eine Karte für den Skilift kaufen, dann wird Ihnen auf einmal auch die fragliche Stabilität einer festverzinslichen Anlage klar.

Börsenprognosen

»Wie erkennt man, wann man am besten Aktien kauft?
Die Tatsache, dass Leute gierig, ängstlich und töricht sind,
lässt sich sehr wohl voraussehen.
Nicht jedoch in welcher Reihenfolge.«
Warren Buffett

Gern würden wir alle billig einkaufen und teuer verkaufen. Genau diesen Zeitpunkt zu erwischen, ist das, was Börse schwierig macht und Prognosen ziemlich unmöglich. Mit der Zeit bekommt man allerdings doch ein Gefühl dafür, wann das Börsenpublikum ängstlich ist, und eine *Euphorie, verbunden mit Gier,* lässt sich ebenfalls erahnen. Ganz so schlecht sind damit Ihre Karten doch nicht, wenn Sie bei allgemeiner Verunsicherung und schlechter Stimmung auf Einkaufstour gehen– verkaufen werden Sie ohnehin selten.

Von Gottfried Heller, Freund von Kostolany, stammt die Aussage, dass Laien an der Börse bessere Prognosen liefern als die Profis. Der Unterschied in der Treffsicherheit ist so gewaltig, dass eine Erklärung nötig ist.

Nach Heller erklärt sich die *schlechte Performance der Profis* aus dem Herdentrieb, ihrer Neigung zum Konsens und aus der Massenpsychologie. Auch an der Börse gibt es einen Zeitgeist, einen allgemeinen Trend, einen »Mainstream«. Aufgrund der deutlich intensiveren Kommunikation als früher durch Telefon, Fax, Internet, E-Mail etc. steht offenbar das allgemeine Wissen insbesondere und in erhöhtem Maß den Profis jederzeit zur Verfügung, den Laien etwas weniger. Bestimmte Einsichten werden als zutreffend betrachtet und daraus Konsequenzen abgeleitet. An der Börse gibt es jedoch keine zuverlässigen Erfolgsrezepte, aber eine Weisheit stimmt doch fast immer:

»Wenn Sie Erfolg haben wollen, müssen Sie gegen den Mainstream handeln.«

Börsenexperten nutzen weitgehend dieselben Informationsquellen, ziehen offenbar auch ähnliche Schlüsse und begehen damit einen systemimmanenten Fehler. Zusätzlich sind Experten geneigt, ihren Computern zu glauben, weil von diesen eine Pseudogenauigkeit vorgetäuscht wird, die das System gar nicht hergibt.

Da Privatanleger in diesen Kontext weniger intensiv eingebunden sind, werden sie auch nicht vom Zeitgeist dominiert. Ihre Prognosen sind damit nicht schlechter, sondern von der Tendenz eher besser als die der Börsenprofis.

Ebenso unzuverlässig wie Prognosen sind Timingversuche. Von Peter Lynch, erfolgreicher Börsenexperte, kommt die Aussage:

»Weit mehr Geld wurde von Anlegern verloren, die sich auf eine Baisse eingestellt haben, als in der Baisse selbst. Sie versuchen Börsentiming ...«

Daueranleger, die sich um Timing keinen Deut scheren, fahren in aller Regel besser als »Timer«. Auch Warren Buffett als erfolgreichster Börsenprofi aller Zeiten schert sich wenig um Timing, sondern analysiert und kümmert sich um Firmen. Das entscheidende Kriterium ist der zu bezahlende Preis.

Als Privatanleger mit langem Anlagehorizont sind Sie in einer sehr guten Position verglichen mit den Profis. Wenn Sie einigermaßen sorgfältig Ihre Investments gewählt haben, vorwiegend aus dem Bereich der internationalen Blue Chips, dann können Sie, wenn es sein muss, viele Jahre zuwarten. Wenn die Welt sich dann einige Male gedreht hat, werden Sie angenehm überrascht sein.

Analysten

»Wenn sich alle Experten einig sind, ist Vorsicht geboten«.
Bertrand Russell

Dieser Zunft müssen Sie mit Vorsicht begegnen. Bei ihren Analysen sollten Sie, wenn Sie diese überhaupt zur Kenntnis nehmen, zwischen den Zeilen lesen. Analysten werden von irgendjemand bezahlt und auch da gilt allgemein die Redensart:

»Wes Brot ich ess, des Lied ich sing.«

Ein Analyst wird den Teufel tun und eine Firma schlechtreden, die womöglich irgendwann eine Neuemission platzieren wird, bei der sein Institut in irgendeiner Form beteiligt ist.

Die veröffentlichte Einschätzung von Analysten müssen Sie *mindestens um eine Stufe nach unten korrigieren*. So wird aus »Halten« mindestens »Verkaufen« etc., wenn Sie sich überhaupt an der Meinung eines Analysten orientieren wollen. Es ist sehr zeitaufwendig, eine Firma genau zu explorieren. Und Analysten werden sich nicht ohne Weiteres aus dem Fenster hängen und eine Firma unnötigerweise schlechtreden. Da könnte irgendwann ein Bumerang zurückkommen. Auch Analysten können sich kaum mit mehr als 15 bis 20 Firmen intensiv befassen, sonst würde die Qualität ihrer Arbeit zu sehr leiden.

So bekam Merill Lynch einen Prozess an den Hals, weil die eigenen Experten Firmen intern als »Scheiße« betitelt und nach außen die gleiche Firma propagiert hatten. Dies kostete Merill Lynch einige Millionen Dollar an Schadensersatz – 100 Millionen Dollar, um genau zu sein.

Analysten stehen in einem *Interessenkonflikt*. Sie werden bezahlt von großen Bankinstituten, die auch Neuemissionen platzieren wollen. Platzieren heißt, dass möglichst viele Aktien eines Unternehmens verkauft werden sollen, bequemerweise an die eigenen Kunden. Wenn eine Platzierung stattfinden soll, muss auf Biegen und Brechen verkauft werden. Objektivität und Bedenkenträgerei sind da nicht mehr gefragt. Die Aufgabe der Analysten besteht dann nicht mehr darin, *zu analysieren*, sondern darin, *das Geschäft anzuheizen*.

Das ist mittlerweile schon allgemeine Erkenntnis. Deshalb geben große Fondsmanager, die unter Performancedruck stehen, unumwunden zu, dass sie auf die Empfehlungen von großen Geldhäusern nichts mehr geben.

Wenn Sie diesen Hintergrund kennen, können Sie Einschätzungen von Analysten besser bewerten. Ihre Informationen sind manchmal unverzichtbar, ihre Schlussfolgerungen dagegen schon.

Wenn Sie Empfehlungen von Analysten untersuchen, werden Sie regelmäßig deutlich *mehr Kaufempfehlungen als Verkaufsempfehlungen* finden. Jetzt wissen Sie auch, warum das so ist.

Analysten müssen sich aus den verschiedensten Gründen sehr vorsichtig äußern. Wenn sie Fakten entdecken, die eine Neubewertung einer Firma zur Folge haben, dürfen sie das nicht von jetzt auf gleich rausposaunen. Sie können schlecht sagen: »Was kümmert mich mein Geschwätz von gestern.« Zu viele sind möglicherweise ihrer Empfehlung gefolgt und würden sie in irgendeiner Weise verantwortlich machen. Sie müssen unter allen Umständen ihr Gesicht wahren und werden von einer früheren Kaufempfehlung bestenfalls langsam abrücken. Die Gefahr, dass sonst alte Kunden verprellt werden, ist einfach zu groß. Das praktische Vorgehen besteht darin, dass man den Titel von »Kaufen« auf »Halten« herunterstuft. Dann ist es aber auch schon höchste Zeit für Sie, sich aus dem Staub zu machen.

Im Gegenteil zu Großanlegern und zu Ihrem Vorteil können Sie Ihren Bestand an schlechten Titeln von einer Stunde auf die andere versilbern. Wenn das Templeton oder Fidelity machen würde, entstünde ein Aufsehen mit denkbar unschönen Konsequenzen. Die großen Fonds sitzen auf riesigen Aktienbeständen, die sie nur schluckweise abstoßen können. Wenn sie zu große Mengen auf den Markt werfen, wird der Verkaufsdruck unter Umständen so groß, dass allein deswegen die Kurse ruiniert werden und wegbrechen – ein Problem, das Sie nicht haben werden.

Analysten sind manchmal so objektiv wie ein Marktbeschicker, der noch vor Geschäftsschluss sein sonst verfaulendes Obst an den Mann bringen muss. Die armen Kerle sitzen ja auch kräftig in der Klemme. Sie sind »verbandelt« mit den Investmentbanken und die leben schließlich vom Umsatz. Im Gegensatz zu Ihnen können sie keine Buy-and-Hold-Strategie verfolgen.

Wenn Sie diese Spielregeln kennen und auch verstehen, dass Analysten tendenziell immer optimistisch sein müssen, damit »etwas läuft«, dann werden Sie die Aussagen von Analysen vorsichtiger interpretieren.

Analysten sind auch nur Menschen. Sie werden von Unternehmen umschmeichelt, die bestimmte, aber nicht immer reine Absichten verfolgen. Und Unternehmen werden einiges daransetzen, diese Gruppe zu instrumentalisieren, was sicher in einigen Fällen auch gelingen wird.

Zur Ehrenrettung der Analysten muss angemerkt werden, dass sie in einem sehr nebligen Umfeld arbeiten. Gemeint ist damit, dass zum Beispiel »kreative Buchführung« ein Unternehmen im besten Licht erscheinen lässt und die graue Realität erst später offenbar wird. Im Jahr 2002 mussten die Aktienmärkte starke Einbußen hinnehmen, weil der Virus der »Enronitis« umging. Nachdem bei dieser Firma »Bilanzverschönerungen« entdeckt worden waren, vermutete man eine ähnliche Vorgehensweise auch bei anderen Firmen – und wurde dann auch fündig.

Selbst das Urgestein der Aktienmärkte, General Electric, GE, wurde davon erfasst und musste zusehen, wie der eigene Kurs gen Süden abtauchte.

Bei nüchterner Betrachtung können Sie gleichzeitig davon ausgehen, dass eine Firma wie GE alles daransetzen wird, eine bestmögliche Reputation zu behalten und bei der erfolgreichen Unternehmensführung von Jack Welch und jetzt Jeoffrey Immelt auf solche Spielchen sicherlich nicht angewiesen war und ist. Auch diese Panikstimmung ist wieder verflogen.

Im Übrigen kennt jeder Wirtschaftswissenschaftler den Spruch »Traue keiner Statistik, die du nicht selbst gefälscht hast.« Bei Bilanzen werden

Unternehmen immer bemüht sein, sich gut darzustellen. Wie oft im Leben ist es eine Frage des Augenmaßes, wie stark hier die Realität geschönt wurde.

Unterm Strich ist die Bewertung einer Firma durch Analysten nur bedingt hilfreich, als Informationsquelle aber dann eventuell verwertbar, wenn Sie lernen, zwischen den Zeilen zu lesen.

Bücher

»Das größte Problem an der Börse ist die Gier. Das allergrößte aber ist: Die Gier ist nicht zähmbar.«
Arnim K.

Ob das größte Problem wirklich die Gier ist oder irrationales Verhalten in dem Sinne, dass besonders gern dann gekauft wird, wenn die Kurse schon zu hoch sind und die Angst vorherrscht, man könnte etwas versäumen, sei dahingestellt. Auf jeden Fall ist Gelassenheit angesagt sowie die Erkennntnis, dass die Zeit viele Wunden heilt, wenn Sie in Qualitätsaktien investiert sind. Bei einem guten Titel wird es unvermeidlich vorkommen, dass Sie diesen zu anderen Zeiten billiger hätten kaufen können, aber eine gute Aktie wird in die Bewertung auch hineinwachsen. Selbst Superstars wie Buffett lagen im Timing öfters daneben und haben zum Beispiel Bankaktien zur falschen Zeit gekauft.

Zum Thema ist ungeheuer viel geschrieben worden und von den meisten Büchern können Sie ein wenig profitieren. Aber bevor Sie selbst einen einzigen Euro investieren, sollten Sie folgende Bücher nicht nur gelesen, sondern auch verinnerlicht haben:

Buffettology, von Mary Buffett, erläutert die Erfolgsprinzipien und Anlageprinzipien des erfolgreichsten Anlegers aller Zeiten. Von Warren Buffett kommt die Aussage: »Mein Lieblingszeithorizont ist für immer.«

Anleger unterschätzen regelmäßig ihren Zeithorizont. Unsere eigene Lebenserwartung steigt – zumindest nach statistischen Gesichtspunkten. Und wenn es uns mal nicht mehr gibt, ist es vielleicht doch in unserem Sinne, wenn wir unserer Nachwelt oder der Familie etwas hinterlassen können. Auch wollen wir nicht in die Situation kommen wie manche Amerikaner, die mit 80 Jahren im Supermarkt noch »Wägelchen schieben« müssen, weil ihr Kapital vor ihrem Leben zu Ende ist.

Warren Buffett ist ein klassischer Stockpicker. Er kauft Aktien, wie er auch ein Unternehmen kaufen würde. Um eine ganze Firma zu kaufen, braucht man exzellentes Wissen über sie und manchmal auch sehr viel Geld. Daher reicht es aus, wenn man einen Teil der Firma über Aktien kauft. Tendenziell kauft er wenige und sehr sorgfältig ausgesuchte Titel.

Kostolanys Börsenseminar für Kapitalanleger und Spekulanten – unverzichtbar und hilfreich bei der Entscheidung, ob Sie an der Börse als Spieler, Zocker, Spekulant oder Anleger auftreten wollen. Von diesen vier Kategorien empfiehlt auch Kostolany das Spiel in der Anlegerkategorie. Und nur für diese Anleger und nur bei Qualitätsaktien gilt sein klassischer Spruch: »Schlaftabletten nehmen und erst einige Jahre später wieder hinschauen.« Er selbst bezeichnet sich immer als Spekulant, weil er den Nervenkitzel und die intellektuelle Herausforderung suchte.

Psychologie für Börsenprofis, herausgegeben von Bernhard Jünemann und Dirk Schellenberger. Die Psychologie ist oft wichtiger als die Fundamentaldaten, das ist jedem Börsianer klar.

Peter Siris: *Guerilla Investing. So überlisten Sie als Privatanleger die Profis*.

Siris gibt in diesem Buch Tipps, weil Sie als Privatanleger der übermächtigen Konkurrenz keineswegs wehrlos gegenüberstehen.

Indexfonds und -Zertifikate für Einsteiger von Gerd Kommer – das Buch legt überzeugend dar, warum Indexfonds den meisten aktiv gemanagten Fonds überlegen sind und überlegen sein müssen. Kommer vertritt damit eine völlig andere Strategie als Buffett. Es ergibt sich nicht die Notwendigkeit, über eine Firma möglichst alles zu wissen, wenn Sie mit der

Marktrendite zufrieden sind. Man darf diese nur nicht dadurch kaputt machen, indem man hohe Transaktionskosten in Kauf nimmt.

Keine Angst vorm nächsten Crash von Bernd Niquet – mit der zentralen Aussage, Selbstdisziplin zu üben und sich unter keinen Umständen verrückt machen zu lassen.

Der Klassiker unter den Börsenbüchern von Benjamin Graham: *Intelligent investieren* – mit der Kernaussage in seinem Vorwort: »Durch alle unvorhersehbaren Wechselfälle der Geschichte, so erderschütternd und unvorhergesehen sie auch waren, hatte die Wahrheit Bestand, dass solide Anlageprinzipien im Allgemeinen zu soliden Ergebnissen führten.«

Börsenerfolg ist kein Zufall von Burton G. Malkiel, ein Wirtschaftswissenschaftler mit hohem praktischem Bezug («Es gibt Dinge im Leben, die eine Jungfrau einfach nicht richtig verstehen kann …«), selbst erfolgreicher Marktteilnehmer.

Aktien-Crash. Gewinnen bei niedrigen Kursen von Heinz-Josef Simons, der überzeugend darlegt, wie Sie vom Crash profitieren können und den Crash von der Deflation abgrenzen müssen.

Die Geldfalle von Thomas Schuster mit dem aussagekräftigen Untertitel *Wie Medien und Banken Anleger zu Verlierern machen*. Der Anleger wird mit Informationsmüll zugeschüttet und zu Aktionismus verleitet. Das Gegenteil ist erfolgversprechender.

Where Are the Customers' Yachts? von Fred Schwed, ein Buch, das mit einer gehörigen Portion Ironie und Sarkasmus sich über das Treiben an den Aktienmärkten auslässt.

Die Buy-and-Hold-Bibel, das neue Buch von Gerd Kommer. Hier vertritt Kommer die These, die im Titel anklingt, und steht damit im Widerspruch zu vielen Autoren und Magazinen, die sich für aktives Management starkmachen. Ganz am Anfang seines Buches zitiert er Jeremy Grantham, einen berühmten Vermögensverwalter, mit den Worten: »Die meisten Anleger wären besser dran, wenn sie einer strikten Regel unterlägen, derzufolge sie erst nach Ablauf von 30 Jahren wieder verkaufen dürften. Und noch sicherer würden sie profitieren, wenn diese Regel überhaupt nur Verkäufe zuließe, sofern die Anlageklasse klar oberhalb ihres langjährigen Trends bewertet ist.« Solche Aussagen werden vielen Aktivisten nicht schmecken, die am Traden verdienen.

Das zählt an der Börse von Ken Fisher, einem der größten Vermögensverwalter der Welt und selbst erfolgreicher Anleger. Er befindet sich auf der Forbes-Liste der 400 reichsten Menschen dieser Welt.

Die Kernaussage von Ken Fisher beinhaltet, dass Sie bei vernünftiger Streuung die Marktrendite erreichen werden – am kostengünstigsten per Einzelaktie. Im Gegensatz zu Warren Buffett empfiehlt er kein konzentriertes Portfolio aus etwa 10 bis 20 Einzelaktien, sondern hält eine Anzahl von etwa 60 Titeln durchaus für angemessen. Mit dieser breiten Aufstellung kommt er gedanklich in die Nähe von Indexfonds – mit etwas Glück bei noch geringeren Kosten.

Eine Überrendite hält er in zwei Situationen für möglich: a) wenn Sie mehr wissen als der Markt, und b) wenn Sie antizyklisch bei schlechter Marktstimmung einkaufen.

Keine Investment Zauberformel von John C. Bogle, dem Gründer der Naguard Gruppe. Bogle spricht sich klar für breit gestreute Indexfonds aus, die dem Privatanleger immerhin die Marktrendite zuverlässig einbringen.

Investmentregeln fürs Leben von Jim Rogers. Rogers registriert eine Verschiebung von weltpolitischen Konstellationen, die wirtschaftliche Zukunft sieht er in China. 1970 gründete er zusammen mit George Soros den legendären Quantum Fund, der innerhalb von 10 Jahren fast 4000 % Gewinn erzielte. Mit 37 (!) Jahren setzte er sich zur Ruhe. Im Ruhestand umrundete er zweimal die Welt, einmal mit dem Motorrad, das zweite Mal mit einem umgebauten Mercedes.

Wu wei von Theo Fischer, ein Buch, das mit der Börse überhaupt nichts zu tun hat, das vielmehr vom Taoismus berichtet. Es vermittelt Ihnen das Wichtigste überhaupt, nämlich eine Grundeinstellung, die völlig frei ist von Angst und von Gier, und darüber hinaus eine heitere, gelassene Grundstimmung, die unentbehrlich ist für das Treffen von Entscheidungen. Sie sollten keine Entscheidungen treffen, wenn Sie emotional nicht o.k. sind!

Selbst wenn Sie noch so viele Bücher aufmerksam gelesen haben, werden Sie hin und wieder vor einem konkreten Anlageproblem stehen, auf das Sie diese Erkenntnisse herunterbrechen müssen. Sie haben dann »Handlungsbedarf«, wenn Sie etwas anlegen wollen und Entscheidungen im konkreten Fall treffen müssen. Wenn Ihr Depot schon etwas aufgebaut ist und Sie denken über einen weiteren Titel, zum Beispiel aus dem Telekombereich, nach, könnten Sie wie folgt über die Deutsche Telekom-Aktie reflektieren:

Diese wurde mit großem Getöse propagiert, von einem Ausgangskurs von unter 15 Euro schoss sie nach oben, überschritt die 100-Euro-Marke, um dann wieder bei unter 8 Euro zu landen. Verfolgen wir dieses Beispiel weiter, dann könnten Sie überlegen, dass hier – wie so oft denken wir an andere Trends wie Solartitel u.a. – eine anfängliche Euphorie ins Gegenteil umgeschlagen ist, dass sich die Telekom auf einem niedrigen Niveau anscheinend stabilisiert hat und dass sie derzeit eine satte Dividende von rund 8 % bezahlt. Diese Dividende ist vielleicht etwas hoch und wird aus dem operativen Geschäft möglicherweise nur mit großer Anstrengung erwirtschaftet. Trotzdem ist die Dividendenkonstanz bemerkenswert. Falls irgend möglich, wird die Dividende wohl beibehalten, weil es für eine Firma mit einer gewissen Größe peinlich ist und als Zeichen von mangelndem Geschäftserfolg verstanden werden könnte, wenn die Dividende gesenkt wird. Weiter kann man davon ausgehen, dass »Telefonie« ein ziemlich stabiles Geschäft ist – telefoniert wird immer – gerade auch in schlechten Zeiten. Es könnte allerdings sein, dass ein Innovationsschub, zum Beispiel in Bezug auf das Internet, die klassische Telefonie ablöst. Diesem Risiko muss man ins Auge sehen, die veränderte Situation rechtzeitig erkennen und gegebenenfalls reagieren.

Viele Bürger haben von der Deutschen Telekom die Nase gestrichen voll und haben trotzdem nicht den Mut, sich von ihr zu trennen, weil man da auch schon Schlimmes gehört hat. Da der Eindruck entsteht, dass die Telekom gleichmäßig unbeliebt ist, es aber andererseits ohne auch nicht geht, liegt die Vermutung nahe, dass der Titel derzeit mit rund 9 Euro nicht überteuert ist und bei der allgegenwärtigen Ablehnung Überraschungen nach oben nicht verwunderlich wären. Wahrscheinlich ist eine Investition zu diesem Preis nicht schlecht, und wenn Sie der Telekom gar nicht über den Weg trauen, können Sie über die Telefonica-Aktie nachdenken, die eine etwas geringere Dividendenrendite ausweist, ebenfalls ein günstiges KGV und in den letzten Jahren ein zuverlässiges Gewinnwachstum zeigt. Die Telefonica ist neben dem Heimatmarkt stark vertreten in Südamerika und zunehmend auch in China.

Dieser kurze Exkurs sollte beispielhaft zeigen, dass Sie trotz aller Lektüre hin und wieder selbst Entscheidungen treffen müssen, die Ihnen kein Mensch abnehmen kann.

Börsensprüche

Börsensprüche sind lustig, regen zum Nachdenken an und sind in der Regel nur halbwahr und oft ist das Gegenteil eben auch richtig.

Da die Entwicklung an den Börsen auf den ersten Blick so scheinbar unlogisch, paradox und nicht einleuchtend abläuft, gibt es fast für jede Situation einen guten Spruch: Witzig ist die Tatsache, dass sich immer eine Situation findet, auf die ein solcher Spruch zutrifft – allerdings das Gegenteil auch.

Versuchen Sie nicht, in diesen Sprüchen eine Handlungsanweisung zu erkennen, sondern betrachten Sie sie so, wie sie gemeint sind. Ein Erklärungsversuch für etwas, für das es keine vordergründige Logik gibt. Denken Sie an die »Weisheiten«:

»Greife nie in ein fallendes Messer« oder »Kauf nicht bei fallenden Kursen«.

Diese Erkenntnis zum Beispiel steht in klarem Gegensatz zu Kostolanys »Zittrigen«, die immer in der Euphorie kaufen und an der Börse zu den ewigen Verlierern gehören. Denn den tiefsten Punkt beim Einkauf werden Sie nicht erwischen, sodass es durchaus sinnvoll sein kann, bei nachgebenden Kursen zu kaufen. Bei fundamental gut dastehenden Firmen kann es daher sinnvoll sein, zu »verbilligen« – wie bei McDonald's in der BSE-Krise oder bei Philip Morris nach einem Raucherprozess oder bei Nestlé, wenn wieder mal ein Erpressungsversuch unternommen wurde. Bei Firmen, die Sie über viele Jahre gut kennen, dürfen Sie durchaus Gelegenheiten nutzen.

Auch der Spruch

»Sell in May and go away«

ist heute weniger denn je eine Handlungsanweisung. Er hatte vor vielen Jahren möglicherweise eine gewisse Berechtigung, als an den Börsen viele landwirtschaftliche Produkte gehandelt wurden. Deren Preise erreichten ihre Höchststände im Frühjahr. In den 20er-Jahren zogen reiche Leute im Sommer aufs Land und ließen ihre Geschäfte ruhen. Da die Kommunikation nicht so grenzenlos war wie heute, verkaufte man vorher, um bei der Rückkehr keine bösen Überraschungen zu erleben. Dieses Argument ist heute komplett hinfällig: Von nahezu jedem Winkel dieses Globus aus und zu jeder Zeit können Sie Orders erteilen.

Aktienpreise können hierzulande in dieser Zeit steigen, weil Unternehmen traditionsgemäß Ausschüttungen im Mai tätigen. Anleger sind manchmal geneigt, anschließend zu verkaufen und die Gewinne »mitzunehmen«. Für die langfristige Betrachtungsweise kein stichhaltiges Argument.

Regelmäßig wird in den Zeitungen von den »schwachen Sommermonaten« gesprochen und manche Anleger glauben an diesen oft kolportierten Spruch. Im Sommer 2009 wurde dieser Spruch Lügen gestraft: Von März bis Oktober fand ein Anstieg der Indizes um die 50 % statt, die auch in den Sommermonaten eben nicht nachgaben. Die Strategie »Sell in May and go away« ist eine Verluststrategie, was Ken Fisher in seinem ausgezeichneten Buch *Das zählt an der Börse* überzeugend nachgewiesen hat. Die Märkte halten sich üblicherweise häufiger im positiven als im negativen Bereich, kein Grund also, sich im Mai von der Börse zu verabschieden, erhebliche Transaktionskosten in Kauf zu nehmen und im Herbst zu möglicherweisen höheren Preisen wieder einzusteigen.

Ken Fisher hat eine aussagekräftige Tabelle über die durchschnittlichen Monatsrenditen der einzelnen Monate aufgestellt (1926 bis 2005). In diesem Zeitraum variieren die Renditen zwischen 1,78 % (im Dezember) und – 0,8 % (im September). Aber ist das ein Grund, für Kauf und Verkauf bei der Hausbank zwei Mal 1 % Spesen zu bezahlen?

Die »Hartgesottenen« handeln gegen den Mainstream und kaufen dann, wenn die Kurse ins Bodenlose fallen. Die Gewinner sind ja letzten Endes immer diejenigen, die im tiefsten Pessimismus gekauft haben und erhebliche »Schmerzen« (nach Kostolany) deswegen ausgehalten haben, weil sie sich dem allgemeinen Trend nicht angeschlossen haben.

Deshalb können Sie getrost auch einen anderen geläufigen Börsenspruch infrage stellen:

»The trend is your friend.«

Das ist eine Weisheit, die für Trader und Kurzfristanleger eine gewisse Bedeutung hat, die das sogenannte Momentum für wichtig erachten. In den Augen dieser Anleger macht es keinen Sinn, sich gegen die Masse zu stemmen – ein Einzelner kann keinen Güterzug aufhalten. Das packt kurzfristig keiner. Tatsächlich erstaunt immer wieder, dass Aktien, wenn sie einmal von einer Aufwärtsbewegung erfasst werden, deutlich höher steigen, als man zunächst annimmt – und wenn sie fallen, gilt das Gleiche. Rational ist das nicht unbedingt nachvollziehbar, Fakt ist aber, dass das Momentum die Kurse ziemlich nach oben und auch nach unten wirbeln kann.

Von Nassim Nicholas Taleb, dem Verfasser des Buches *Der Schwarze Schwan* wird wunderschön ausgeführt, dass Börsianer hin und wieder geneigt sind, das Verhalten einer Gauß'schen Normalverteilungskurve auf Börsenkurse anzuwenden. Fälschlicherweise meinen sie, dass Kursbewegungen eher gering ausfallen, ähnlich wie bei einer Menschenmenge, wenn es um die Körpergröße geht: Wenn diese im Durchschnitt bei 1,75 Meter liegt, ist die Wahrscheinlichkeit auf einen 3-Meter-Riesen zu treffen, ausgesprochen gering. Dieses Denkmuster darf an den Märkten unter keinen Umständen angewandt werden – von explosionsartigen Kursanstiegen bis zum Totalverlust ist alles möglich.

Aber ein Trend wird zwangsläufig irgendwann kippen und diesen Zeitpunkt möchte jeder gern erraten oder ermitteln. Die wenigsten schaffen es, diese Aufgabe zu lösen. Auch und gerade die Charttechnik weiß regelmäßig erst hinterher, was richtig gewesen wäre. Daher der Spruch:

»Als Chartist wirst du nicht reich.«

Das ist eine Aussage, die in ihrer Absolutheit genauso falsch ist wie viele andere Sprüche.

Für Trader oder Kurzfristanleger gilt dagegen einigermaßen zuverlässig die Aussage:

»Der Markt hat immer recht.«

Diese Gruppe ist auch diejenige, für die ein Telefon und/oder ein schneller Internetanschluss von Bedeutung ist. Hier muss sofort reagiert werden. Und die Reaktion sollte – wenn überhaupt – professionell durchgezogen werden, wenn Aussicht auf Erfolg bestehen soll. Das ist, wie Sie merken, nicht Ihr Bier!

Börsenpsychologisch ist der Spruch

»Buy on bad news« oder klassisch »Kaufen, wenn die Kanonen donnern«

von gewisser Bedeutung. So alt dieser Spruch auch sein mag, ist doch ein bisschen was dran. Sobald schlechte Nachrichten auftauchen, ist das Publikum erst mal erschreckt. Zudem werden aktuelle Nachrichten regelmäßig höher und zu hoch bewertet und wichtiger eingeschätzt als die mittel- oder langfristige Historie. Einige Hasenfüße steigen aus und so können auch gute Titel – vorübergehend – billig werden.

Auch wenn die meisten Börsensprüche einen eher anekdotischen Charakter haben, eine von diesen Weisheiten ist mehr als das und von einer solchen Richtigkeit, dass sie in Stein gemeißelt werden sollte. Es ist die Aussage von Bernard Baruch, der einmal dem Sinn nach geäußert hat:

»Versuchen Sie niemals zu kaufen, wenn die Kurse am Tiefpunkt sind, und zu verkaufen, wenn die Kurse am höchsten sind. Das ist nicht möglich. Das können nur Lügner und der liebe Gott.«

Diese Aussage ist eine der Börsenweisheiten, die bedingungslos richtig sind.

»Verluste begrenzen und Gewinne laufen lassen«

ist auch eine eiserne Börsenregel. Sie ist von der Aussage her ähnlich wie

»Verbillige niemals« oder »Wirf kein gutes Geld schlechtem hinterher!« Dies ist keine allgemeingültige Handlungsanweisung. Wenn Sie bei einem guten Unternehmen sehr sorgfältig recherchiert haben, sich in einer emotional stabilen Phase befinden und die feste Überzeugung gewonnen haben, dass ein eher temporäres Problem vorliegt, dann dürfen Sie getrost diesen eben genannten Sprüchen zuwiderhandeln. Es war sicher richtig, zum Beispiel bei McDonald's auf dem Höhepunkt der BSE-Krise zu »verbilligen« oder bei Philip Morris nach einem verlorenen Prozess.

Es gilt höchstens die Ausnahme, die Gewinne nicht mitzunehmen oder die Gewinne eben laufen zu lassen. Es hängt aber wesentlich ab von den Titeln, die Sie ausgesucht haben. So erlitt zum Beispiel die kanadische Firma Bombardier im Mai 2002 einen herben Kursverlust als Folge eines dreiwöchigen Streiks der Belegschaft. Bei vollen Auftragsbüchern wird sich eine solche Situation wieder entspannen.

Ähnliches galt für McDonald's, als vor BSE gewarnt wurde. Die Kurse gaben deutlich nach, weil die Konsumenten Angst vor den Buletten entwickelten. Das Gedächtnis des Publikums ist erstaunlich kurz. Viele Leute können mit dem Begriff BSE mittlerweile nichts mehr anfangen. Dementsprechend und vorhersehbar entwickelten sich die Kurse von McDonald's.

Eher noch ist die Aussage zutreffend:

»Wenn die Flut kommt, dann steigen alle Schiffe«,

denn wenn die Masse Aktien kaufen will, dann wird alles mögliche gekauft, dann profitiert so ziemlich jedes Depot. Qualität zeigt sich dagegen oft erst, wenn es mal wieder abwärts geht, dann stehen manche Firmen wie ein Fels in der Brandung als Zeichen ihrer relativen Stärke. Das ist die Stunde der Stockpicker, die dann gute Firmen zu einem günstigen Preis einkaufen. Gute, solide Firmen machen auch in schlechten Zeiten einen guten Gewinn und zeigen dann am Aktienmarkt eine relative Stärke.

Der Einfluss der Politik an den Börsen ist nicht übermäßig groß, daher das Sprichwort: »**Politische Börsen haben kurze Beine**«. Politik und Wirtschaft stehen in gegenseitiger Abhängigkeit und eine Politik gegen die Wirtschaft ist kurzsichtig.

Dennoch trifft die Feststellung zu, dass die eine oder andere politische Richtung oder Partei die Entwicklung der Börsen beeinflusst. Es sind die politischen Vorgaben und ein mehr oder weniger wirtschaftlich freundliches Klima, die sich mittelfristig auswirken. Wenn immer nur »soziale Gerechtigkeit« und »Gerechtigkeitslücken« verbalisiert werden, steht die Befürchtung im Raum, dass eine Politik gegen Unternehmen gemacht wird, diese stranguliert werden und die Regulationsdichte zunimmt.

Dann wird unter Umständen vergessen, dass nur verteilt werden kann, was vorher erwirtschaftet wurde, oder dass das Fell des Bären erst dann vergeben werden sollte, wenn er erlegt ist. Das Gleiche gilt für Lohnsteigerungen oberhalb des Produktivitätszuwachses. Wenn durch gewerkschaftliche Aktivitäten Lohnsteigerungen zu hoch ausfallen, Unternehmensgewinne schrumpfen und folgerichtig Arbeitsplätze abgebaut werden müssen, ist das eine ungute wirtschaftliche Entwicklung mit entsprechenden Auswirkungen auf die Kurse.

In der BRD ist die Regulierungswut besonders ausgeprägt. Vielleicht liegt es an der speziellen Zusammensetzung unseres Parlaments, in dem sich überproportional viele Lehrer befinden. Nur böse Menschen behaupten, dass »Lehrer morgens recht haben und mittags frei«.

Aber die Frage muss erlaubt sein, ob sie aus einer sehr sicheren und privilegierten Position heraus in der Lage und willens sind, Probleme, wie sie in der freien Wirtschaft vorhanden sind, angemessen einzuschätzen. Daher muss das nachfolgende Bonmot durchaus ernst genommen werden

»Das Parlament ist mal voller und mal leerer, aber immer voller Lehrer.«

Kontrollsucht und Regulierungssucht bestimmen leider die bundesdeutsche Wirklichkeit. Das meiste der weltweiten Steuerliteratur ist in Deutschland verfasst, wo sie auch mit Anstrengung umgesetzt wird.

Nur die Parlamentarier selbst haben sich mit ihrer sogenannten steuerfreien Aufwandspauschale eine Ausnahme gegönnt – das haben wir im Kapitel »Steuern« schon ausführlich besprochen.

Unser Parlament, das überwiegend aus Lehrern und Juristen besteht und in dem zu wenige Wirtschaftsexperten vertreten sind, wird sich schwertun mit Entscheidungen, die den Standort Deutschland und dessen Wirtschaftsfreundlichkeit begünstigen.

Keine Börsenweisheit, sondern ein elementares Gesetz ist das folgende.

»Die Märkte gehen nach oben, wenn die Nachfrage größer ist als das Angebot, und umgekehrt.«

Die Quintessenz der gesamten Börsenliteratur könnte man in diesem Satz zusammenfassen. Nichts anderes ist Börse.

Lassen Sie sich also vom allgemeinen Mainstream nicht anstecken, bilden Sie sich eine eigene Meinung und handeln Sie entsprechend.

Im Gegensatz zu den eben angeführten Börsenweisheiten gibt es einige Axiome, die ziemlich unerschütterlich sind und bei denen es unter Umständen gefährlich ist, sie infrage zu stellen. So zum Beispiel

> **Auf kurze Sicht stehst du in Konkurrenz mit den Profis.**
> **Gewinnen kannst du nur bei langfristiger Vorgehensweise.**
> **Trainiere deinen langen Atem.**

- **Diesmal ist alles anders.(Keine Aussage ist so zutreffend!)**
- **An der Börse verdienst du dein Geld mit Sitzfleisch.**
- **»Wie der Ozean verhält sich auch der Aktienmarkt niemals still.«**
  (Philip L. Carret)

simplified

3 Börsenstrategien

Diversifizierung

»Wenn man über die Einzelheiten zu viel weiß,
hat man keinen Überblick mehr über das Ganze«.
André Kostolany

Es ist mehr als eine Überlegung wert, in welcher Weise Sie Ihr Depot strukturieren wollen. Sie müssen entscheiden:

1. Anzahl der Titel?
2. In welchen Regionen wollen Sie investieren: USA, Europa, die Schwellenländer, BRIC-Staaten, Afrika?
3. Einzelaktien oder Fonds?
4. Wenn Fonds, dann aktiv gemangte oder ETFs?
5. Hochkapitalisierte Unternehmen oder »Small Caps«?
6. Value oder Growth?

Schon über die optimale Anzahl von Titeln sind lange Diskussionen geführt worden, allerdings ist das Ergebnis dieser Debatten für Sie als Privatanleger vergleichsweise eindeutig: Je besser Sie informiert sind, mit desto weniger Titeln können Sie auskommen. Das heißt, wenn Sie wüssten, welcher Titel am besten performen wird, bräuchten Sie ja nur diesen einen Titel. Verstehen wir das als interessante Theorie und sehen einfach die Tatsache, dass begnadete Investoren wie der hier häufig zitierte Buffett mit vergleichsweise wenig Titeln arbeiten. Vergleichsweise wenig Titel bedeutet etwa 10 bis 20 verschiedene Titel, so argumentiert auch der SAC, der Stuttgarter Aktienclub, dessen Anlagepolitik ich wegen seiner »ruhigen Hand« ausgesprochen schätze. Das passt zu dem Bonmot der

»Frankfurter Börsianer«, die ebenfalls feststellen, dass Geld an der Börse vorwiegend mit Sitzfleisch verdient wird.

Nun sind aber unsere Anlegerqualitäten nicht unbedingt mit denen eines Warren Buffett zu vergleichen und eventuell haben wir bereits Probleme damit, eine Bilanz richtig zu lesen.

Daher ist es für uns wahrscheinlich besser, deutlich stärker zu diversifizieren. Faustregel: *Je weniger sachkundig, desto mehr Titel.*

Im Extremfall kaufen Sie über einen Indexfonds einen ganzen Markt und erhalten damit die Marktrendite, die nicht zu verachten ist.

Ken Fisher, einer der größten Vermögensberater der Welt, hält bei einem Portfolio aus Einzeltiteln eine Titelanzahl von bis zu 60 für durchaus sinnvoll und der legendäre Fondsmanager Peter Lynch arbeitetet auch mit bis zu 100 Titeln.

Wenn Sie sich beispielweise für einen Öltitel entscheiden wollen, dann ist eine fundierte Entscheidung unter den »großen Vier«, Exxon, Royal Dutch, BP und Total, ausgesprochen schwierig. Sie könnten überlegen, dass Exxon ein reinrassiger Öltitel ist, Royal Dutch und BP einen immer größer werdenden Anteil an erneuerbaren Energien beinhalten und dass Total einen gewissen AKW-Anteil hat. Hier zu entscheiden, wer von den vier Riesen das Rennen macht, erscheint mir schwierig, aber ich hätte keinerlei Bauchschmerzen von diesen zwei oder gar drei Titel ins Depot zu nehmen. Die Unterschiede werden eher marginaler Natur sein, hier können wir eigentlich nicht viel falsch machen.

Die Erkenntnis lautet: Zwei Blue Chips aus einem einzigen Sektor sind gar nicht schlecht. Wenn Ihr Anlagevermögen eine gewisse Größe hat, würde ich bei einem Sektor wie Öl lieber zwei oder drei Titel aufnehmen als nur einen einzigen. Ölfirmen agieren manchmal in politisch instabilen Regionen oder werden mit gigantischen Schadensersatzforderung (BP-Ölpest!) konfrontiert. Etwas Diversifikation ist da gut. Bei einem Sektor wie Pharma ganz genauso. Tendenziell sind Marktführer zu bevorzugen, weil es üblicherweise seinen Grund hat, wenn eine Firma zum Marktführer aufgestiegen ist.

Ein Bereich aus dem Sie ohne Weiteres mehrere Titel übernehmen können, ist die Pharmabranche. An dem alten Spruch »Krank sind die Leute immer mal« ist etwas dran und von der makroökonomischen Perspektive wissen wir, dass die Lebenserwartung rasant ansteigt. Sie steigt vor allem deswegen, weil die medikamentöse Versorgung der Menschen immer besser wird, und die Medizin immer erfolgreicher, sodass die Lebenserwartung weiter ansteigt. Im höheren Lebensalter müssen regelmäßig mehr Medikamente eingenommen werden. Es ist mittlerweile eine riesige Hürde zu nehmen, um ein neues Medikament zu entwickeln, Investitionen von 500 Millionen bis 1 Milliarde Euro können erforderlich sein. Damit hat eine Firma, die es »geschafft hat« und »im Geschäft« ist, sozusagen einen tiefen Burggraben um sich gezogen, der nicht ohne Weiteres von Wettbewerbern überwunden werden kann. Dem erwarteten Erfolg stehen die riesigen Kosten bei der Neuentwicklung von Medikamenten gegenüber.

Also spricht einiges dafür, dass es im Pharmabereich zu einer gewissen Polarisierung kommen wird: Die großen Firmen haben das Kapital, um neue Medikamente zu entwickeln – wo keine Forschungsergebnisse vorgewiesen werden, wird unter Umständen eine kleine Biotech-Firma geschluckt, welche die Medikamentenpipeline auffüllen kann.

Wir denken dabei an Unternehmen wie Pfizer, die bezüglich der Marktkapitalsierung Weltmarktführer ist, wir denken an Novartis, an Roche, an GlaxoSmithKline u.a. Die aufgeführten Firmen können allesamt als veritable Blue Chips angesehen werden.

Anfängerfehler

»Wichtig ist, dass Sie öfter recht haben, als sich zu irren. Wenn Sie recht haben, sollten Sie sehr recht haben, wenigstens von Zeit zu Zeit. Und wenn Sie sich irren, dann sollten Sie das erkennen, bevor Sie sich sehr irren!«
John Templeton

Unweigerlich werden Sie am Anfang aus anfänglicher Begeisterung heraus oder weil Sie einem seriös erscheinenden Berater oder einer angeblich technischen Neuerung auf den Leim gegangen sind, Fehlinvestitionen tätigen.

Es ist besser, Sie machen diese unvermeidlichen Fehler dann, wenn Ihr Kapitaleinsatz vergleichsweise gering ist. Diese Fehler sind dann nicht besonders schlimm, wenn Sie sich wegen eines Börsenengagements nicht verschuldet haben. Sie leben dann einfach von weniger.

Haben Sie einen *Wertpapierkredit*, den Sie zusätzlich bedienen müssen, dann sollten Sie ernsthaft nachdenken und jemanden finden, der Ihnen aus der Patsche hilft. Kaufen Sie niemals Aktien auf *Kredit*, obwohl genau das einige »Anlageberater« heiß empfehlen, weil das auch manchmal (selten) gut geht. Es ist trotzdem ein Lotteriespiel und Ihnen muss einfach klar sein, dass Sie keine ruhigen und überlegten Entscheidungen treffen können, wenn Sie wissen, dass Ihre persönliche Existenz vom Auf und Ab der Märkte abhängt. Wenn Ihr Aktiendepot abtaucht und Sie zusätzlich einen Wertpapierkredit bedienen müssen, wird es Zeit für einen guten Psychotherapeuten.

Nach Kostolany werden Sie auf der Stelle vom »Hartgesottenen« zum »Zittrigen«, wenn Sie Aktien mit Schulden finanziert haben. Sie können dann nicht mehr ruhig entscheiden, unter Umständen müssen Sie verkaufen, wenn ein Titel einen vorübergehenden »Durchhänger« hat, und ärgern sich dann maßlos, wenn der verkaufte Titel eine Kursexplosion erlaubt, wie so viele Titel nach dem März 2003, dem Tiefstpunkt des letzten Crashs.

Kaufen Sie – fast nie – in engen Märkten! Ein Kauf bei kleinen Titeln ist nur dann erlaubt, wenn in keiner Zeitung von der Firma berichtet wird und der Kurs nachgewiesenermaßen nicht durch Börsentratsch und Gerüchte hochgepuscht ist. Wenn Sie ein Unternehmen entdeckt haben, das extrem solide Arbeit macht, über viele Jahre ein stetiges Gewinnwachstum aufweist und nicht im öffentlichen Fokus steht, können Sie über einen Kauf nachdenken. Da Sie aber einen Beruf ausüben und wahrscheinlich nicht die Zeit haben, solche Firmen aufzuspüren, sollten Sie sich eher an die *Blue Chips* halten. Am besten auch hier an diejenigen, die gerade nicht in Mode sind.

Ein typischer Anfängerfehler sind *zu frühzeitige Gewinnmitnahmen*. Broker und Bankberater werden Ihnen aus Eigeninteresse zum häufigen Umschichten raten und Sie mit dem dummen Spruch ködern:

»An Gewinnmitnahmen ist noch keiner gestorben.«

Es gibt wenig Sprüche, die dümmer sind als dieser. In einem gut gemischten Portfolio brauchen Sie immer einige Zugpferde, die besonders gut und lange Zeit laufen, um die miese Performance der lahmen Enten auszugleichen. Warum also um Gottes willen sollten Sie gerade Ihre besten Pferde aus dem Rennen holen? Wenn Sie überhaupt aktiv werden wollen, dann schmeißen Sie besser die »lahmen Enten« raus!

Eine gern benutzter Trick ist das Nennen von *Kurszielen*. Es spiegelt ein Wissen vor, das der Verfechter eines solchen »Zieles« gar nicht haben kann. Er täuscht eine Genauigkeit vor, die das System überhaupt nicht hergibt. Wenn ein »Guru« ein solches Kursziel angibt, spricht bei engen, wenig liquiden Titeln einiges dafür, dass ein solches Ziel auch erreicht wird. Aber wenn Sie einsteigen, dann wahrscheinlich in der Nähe des Kurshochs. Damit verschleudern Sie Potenzial für lange Zeit. Der Guru, der den Titel hochgeredet hat, wird zu dem Zeitpunkt seine eigene Position bei dieser Aktie längst aufgelöst haben.

Nicht Kurse, sondern Firmen im Fokus

»Der dümmste Grund, eine Aktie zu kaufen, ist, weil sie steigt.«
Warren Buffett

Das scheint selbstverständlich, ist es aber nicht. Oder um einen anderen Vergleich zu bringen: »Manche Dinge sind zwar einfach, gleichwohl aber nicht leicht durchzuhalten.« Erzählen Sie mal einem Teenager, er solle sexuelle Enthaltsamkeit üben.

Vielmehr üben steigende Kurse eine Faszination aus, weil das Gefühl entsteht, man könnte etwas verpassen und dem fahrenden Zug hinterhersehen. Wenn aber die Kurse wie »eine Fahne« nach oben gehen, ist es ohnedies klüger, sich bei solchen »Stampeden« rauszuhalten. Es ist ausgesprochen schwierig, dann einzukaufen, wenn die anderen – der Markt – nicht im Traum daran denken. Wir sind als soziale Menschen erzogen. Aktiv gegen unser Gefühl zu handeln kostet Überwindung, die allerdings in einem solchen Fall belohnt wird.

Wenn Sie Finanzzeitungen lesen, sollten Sie *weniger die Kurse* von Gesellschaften als deren *wirtschaftliche Kraft und die Fähigkeiten ihres Managements* interessieren. Die Kurse unterliegen vielen möglichen und auch irrationalen Einflüssen, die Firmengeschichte sollte dagegen gleichmäßig stabil sein. Wenn Sie eine gute Firma zu teuer einkaufen, ist das kein sehr großer Fehler: Sie werden ihn über die Zeit ausbügeln. Für eine schlechte Firma zahlen Sie immer zu viel, und wenn Sie aus der Lektüre Ihrer Quellen den Eindruck gewinnen, dass die Gesellschaft oder deren Management konstant unfähig ist, muss das Unternehmen aus dem Portfolio rausfliegen – egal, zu welchem Kurs Sie gekauft haben.

Machen Sie nicht den Fehler, ein *temporäres Problem* als Grund für einen Rausschmiss zu betrachten. Wenn ein Problem temporär ist, ist das eher ein Grund nachzukaufen. Wenn zum Beispiel der Ölpreis stark gesunken ist, alle Lager voll sind, die Konjunktur am Boden liegt und nur noch über alternative Energien gesprochen wird, dann können Sie mit großer Wahrscheinlichkeit gute Gewinne mit Ölwerten machen!

Im Jahr 2000 wurde – wieder einmal – die Firma Philip Morris zu einer riesigen Schadensersatzsumme von einigen Milliarden (!) Euro verklagt. Trotz ordentlicher Gewinnentwicklung ging der Kurs zurück bis auf 19 Euro, einige »Hartgesottene« stiegen zu diesen Ausverkaufspreisen ein, die Finanzzeitungen rieten samt und sonders zu diesem Zeitpunkt von einem Engagement ab, zwei Jahre später hat sich der Kurs verdreifacht – und es wird allgemein zum Einstieg geraten! So viel zum Punkt »temporäres Problem« – ähnlich McDonald's zum Zeitpunkt der BSE-Krise.

Viele Menschen können mit Unsicherheit schwer leben. Obwohl selbst beim Worst Case die Folgen manchmal absehbar sind, ziehen sich viele von einem guten Engagement zurück, weil nicht alle Punkte ganz abgesichert sind. *Sicherheit ist immer sehr relativ.*

Stop-Loss

Diese Handelsmöglichkeit kommt für Sie in der langfristigen Anlegerkategorie tendenziell nicht infrage: Zu groß ist die Gefahr, dass Sie einen guten Titel zu einem Schleuderpreis oder zu einem zu geringen Preis aus Ihrem Depot verlieren. In den meisten Finanzzeitungen wird regelmäßig das Setzen eines Stop-Loss empfohlen. Bei hochkarätigen Titeln halte ich diese Maßnahme nicht für sinnvoll.

Stop-Loss ist nur dann angebracht, wenn Sie nicht genau recherchieren können oder sich doch auf einen spekulativen Titel einlassen oder sich in unsicheres Gelände begeben: eine Technofirma etwa mit einem guten neuen Produkt oder eine Region, in der Sie nicht zu Hause sind. Stop-Loss kostet gutes Geld und frisst an der Rendite.

Für Day-Trader oder wenn Sie sehr kurzfristig agieren – ohne Berücksichtigung der Fundamentaldaten – ist Stop-Loss dagegen sinnvoll.

Bei Ihrer Anlagephilosophie ist dieses Instrument in der Regel überflüssig, weil teuer! Wenn Sie von einer neuen Richtung oder von einem neuen Trend überzeugt sind und Sie selbst nicht genügend recherchieren können oder wollen, dann werden Sie vielleicht Ihr gutes Geld in die Hände anderer Leute legen und sich für ein Basket entscheiden.

Bei guten, soliden Blue Chips, sauber recherchiert, können Sie sich diese Kosten sparen, die nur an Ihrer Performance zehren.

Absicherungen

»Wer die Papiere nicht hat, wenn sie zurückgehen,
hat sie auch nicht, wenn sie steigen.«
André Kostolany

Solche Strategien durch den Kauf von Put-Optionen oder anderen Finanzderivaten beispielsweise sind vor allen Dingen teuer. Wenn ein Kursrutsch erwartet wird, sind die sogenannten Volatilitäten bereits so groß, dass die Aufgelder enorm hoch sind. Der Begriff Stop-Loss klingt auf den ersten Blick so sympathisch, dass Sie geneigt sein könnten, spontan entsprechende Verfahren anzuwenden. In gängigen Börsenzeitungen werden regelmäßig auch Stop-Kurse empfohlen, nicht ohne den kleinen Kniff, dass Sie eine Stop-Marke möglichst nicht an einer runden Zahl setzten sollten, weil es da sehr viele tun, sondern knapp darüber, damit Sie etwas früher als andere Anleger zum Zuge kommen.

Tatsächlich bringen Stop-Loss-Limits nicht das, was von ihnen erhofft wird: Ken Fisher führt sehr penibel aus, dass Stop-Loss-Strategien im Durchschnitt Verluste erzeugen und keine Erträge. Denken Sie auf jeden Fall daran: Wenn eine Aktie ausgestoppt wird, fallen neben der Stop-Loss-Gebühr unmittelbar auch Verkaufsgebühren an – Sie sitzen dann mit viel Geld da und sind mit der Notwendigkeit konfrontiert, erneut zu investieren. Bei einem Betrag von 100 000 Euro haben Sie damit 2000 Euro an die Hausbank verloren.

Wie verkraften Sie es, wenn eine gute Aktie mal einen Abtaucher von 25 % macht, Sie diese bei 20 % ausgestoppt haben und die Aktie danach um 60 % steigt?

Die Erklärung dafür, dass diese Strategie nicht viel taugt, liegt darin, dass Aktien keine sogenannte Serienkorrelation aufweisen, will heißen: Wenn eine Aktie sich um einen bestimmten Betrag nach oben oder unten bewegt hat, kann man eben leider nicht prognostizieren, wie sie sich weiter verhalten wird. Wir haben keine Gauß'sche Normalverteilungskurve vorliegen. Wenn das der Fall wäre, dürften Sie davon ausgehen, dass eine Aktie zu irgendeinem Mittelwert auch wieder zurückschwingt, von dem sie sich wegbewegt hat. Genau das ist nicht der Fall: Die Aktie kann völlig abstürzen oder sich raketenhaft nach oben entwickeln.

Wenn Sie zu diesem Thema Ihre Bank oder Ihren Broker befragen, wird er Ihnen zu diesem Punkt allerdings eher das Gegenteil erzählen: Er muss schließlich von Ihren Transaktionen leben, es geht ihm schlecht, wenn Sie passiv bleiben.

Damit kommen wir zu der Regel: Stop-Loss ist für Sie fast immer entbehrlich!

Ausnahme von dieser Regel: Wenn Sie von einer Aktie null Ahnung haben und Sie diese eben deswegen auch nicht kaufen sollen, aber meinen, Ihre Stammtischbrüder machen sich lustig über Sie, weil Sie bei einer speziellen Zockeraktie nicht dabei sind, dann, aber eben nur dann würde ich auch einen sehr engen Stop-Loss setzen.

Bei langfristiger Betrachtungsweise würde ich solche Strategien in der Regel nicht befürworten. Wenn allerdings Ihr Nervenkostüm sehr strapaziert ist, können Sie ja eine Minimalposition eingehen, die aber in der Regel erheblich an Ihrer Rendite zehren wird.

Börsencrash

»Wer den Absprung nicht schafft, der muss durch das Tal fahren.«
Dominik Lockmann

Niemand kann Ihnen mit Sicherheit sagen, dass eine Wiederholung der Crashs von 1901, von 1929, von 1973, von 1987, von 2001 oder von 2008 ausgeschlossen ist. Im Gegenteil, die Gewissheit von ausgeprägten Kursstürzen in größeren zeitlichen Abständen ist immer vorhanden. Es gibt so viele Einflüsse, die den Kurs von Aktien beeinflussen, dass Interferenzen und damit auch Crashszenarien grundsätzlich immer denkbar sind. Man darf aber zu Recht behaupten, dass die Steuerungsmöglichkeiten der Finanzmärkte heute etwas besser geworden sind – mit dem Effekt, dass die gleichen Fehler nicht ohne Weiteres noch einmal gemacht werden. Dafür aber andere, an die noch kein Mensch gedacht hat – siehe *Der Schwarze Schwan* von Nicholas Taleb.

Im Jahr 2009 haben Anleger mehr als 3 Milliarden Euro aus Investmentfonds abgezogen, um sie dann später bei gestiegenen Preisen wieder zu investieren! Das zweitschlimmste Jahr der Börsengeschichte nach 1929 war das Jahr 2008. Die meisten Vorgänge an der Börse sind schlecht prognostizierbar, relativ sicher ist jedoch die Tatsache, dass nach solchen Kursabstürzen eine Erholung vielleicht nicht gleich der Wirtschaft, aber der Kurse einsetzt.

Einen Crash können die wenigsten vorhersehen, abgesehen von den Dauerpessimisten, die meistens auch falsch liegen. Aber für Sie als Privatanleger gilt noch mehr: in dieser Situation gegen das eigene Gefühl und gegen Ihre »Sozialisation« handeln. Das ist verflucht schwer und genau das meint Kostolany, wenn er davon spricht, dass an der Börse »gemachtes« Geld – er spricht ja nicht von verdientem, sondern von »gemachtem« Geld – im wahrsten Sinne des Wortes »Schmerzensgeld« ist. Sie müssen sich wirklich überwinden, *dann zu investieren, wenn um Sie herum die Welt unterzugehen scheint* und Ihre Bekannten und Freunde beginnen, an Ihrem Verstand zu zweifeln.

Trotzdem sollten Sie anerkennen, dass die Sensibilität gegenüber dem Thema heute eine andere ist, und die Experten mit Ausnahme von Dogmatikern erkennen an, dass eine gut funktionierende Börse für die Wirtschaft eines Landes unentbehrlich ist: Die wirtschaftliche Leistungsfähigkeit steigt, die Menschen werden insgesamt wohlhabender, wenn auch nicht gleichmäßig, das kapitalistische System ist vielleicht nicht gut, aber andere Systeme sind schlechter und noch menschenverachtender.

Kostolany hat diesen Sachverhalt auf den Punkt gebracht, wenn er formuliert: Dieses System ist ungerecht, es ist, als wenn von einem großen Kuchen Stücke ziemlich willkürlich heruntergeschnitten werden, *aber die kleinsten Stücke eines kapitalistischen Systems sind immer noch größer als die eines anderen Systems, das einen sehr kleinen Kuchen gerecht verteilt.*

»Die ungleichen Stücke eines großen Kuchens sind immer noch größer als die gleich großen eines kleinen.«

Ein Börsencrash kann dadurch gekennzeichnet sein, dass die Kurse von Unternehmen in den Keller rauschen – ungeachtet der wirtschaftlichen Situation der jeweiligen Unternehmen. Im Gegensatz zur Theorie des effizienten Marktes besteht für die Aktien von Unternehmen dann zu dieser Zeit kein fairer Preis mehr, vielmehr können irrationale Auswirkungen den Kurs von Unternehmen sehr stark drücken. Rein markttechnische Mechanismen können dafür verantwortlich sein: So haben in der Börsenpanik des Jahres 1901 sogenannte Leerverkäufe dafür gesorgt, dass es zu einem Ausverkauf von Aktien kam. Auf die näheren Umstände will ich hier gar nicht eingehen. Wer derartige Situationen durchschaut, kann in einem solchen Zeitpunkt den Grundstein für ein Vermögen legen – wie seinerzeit Bernard Baruch, Berater des damaligen US-Präsidenten.

Der legendärste Börsencrash aller Zeiten begann am 24. Oktober 1929 und vernichtete in den nächsten 33 Monaten bis zum Juni 1932 immerhin 79 % an Börsenwert. Notabene: Das zweitschlimmste Jahr nach 1929 war das Jahr 2008, bei dem es zu vergleichbaren Verlusten kam. Neben diesem Börseneinbruch ist eine weitere Tatsache ebenso bemerkenswert: Immer wieder heißt es, dass es im Nachgang zu diesem Crash bis in das 1954 gedauert habe, bis die Verluste wieder ausgebügelt worden seien. Dem ist NICHT so! Dieser weitverbreitete Irrtum rührt daher, dass der Crash vorzugsweise am Dow-Jones-Index gemessen wird, der jedoch keine Dividenden berücksichtigt. Da die Dividendenrendite erheblich ist, früher noch wichtiger als heute, ergeben sich gänzlich andere Werte: Für Anleger sind ausschließlich die realen Renditen maßgeblich. Werden diese zugrunde gelegt, dann wurde der Höchststand – so Gerd Kommer – bereits nach sieben Jahren, also im Jahr 1936 wieder erreicht.

Auch der Börsenkrach von 1987 wurde ausgelöst durch markttechnische Umstände, genauer: durch den Computerprogrammhandel. Zum Anlass für den Kurssturz wurde das unerwartet hohe Handelsbilanzdefizit der USA genommen, das eine Anhebung der Zinssätze nach sich zog. Das Handelsbilanzdefizit wird im Übrigen immer dann thematisiert, wenn es gerade zweckmäßig erscheint. Jedenfalls kam es zu ersten Kursrückgängen, und wenn das Augenmerk von Investoren schon mal auf ein Thema fokussiert ist, wird schnell eine Lawine losgetreten. Im Jahr 1987 waren Computer so programmiert, dass im Falle von Kursrückgängen »automatisch« Verkäufe ausgelöst wurden und bei Kursanstiegen gekauft wurde. Bei rückläufigen Kursen wurde so immer mehr verkauft – die Lawine war losgetreten.

Es galt hier für den Computerhandel die Maxime »GiGo« oder »Garbage in – Garbage out«. Oder: Die Computer können nicht besser sein als der, der sie programmiert. Von einem effizienten Markt weit entfernt, rutschten die Kurse ins Bodenlose und schufen für nervenstarke Analytiker der Situation fantastische Kaufgelegenheiten, wie sie nur selten vorkommen.

Es wurde und wird heute also immer noch das Gegenteil von dem praktiziert, was jede »Schnäppchenmutti« für sich in Anspruch nimmt: Gekauft wird am Aktienmarkt von der breiten Masse bevorzugt dann, wenn die Preise hoch sind, verkauft wird bei tiefen Preisen.

Die Börsensituation in 1987 nutzte Warren Buffett weidlich aus und sie ist ein weiterer Grund, weshalb er zurzeit der reichste Mann der Welt ist – vor Bill Gates.

Mit an Sicherheit grenzender Wahrscheinlichkeit werden solche Situationen wieder auftreten – aus einem anderen Grund, der gleiche Fehler wird ja nicht unbedingt wiederholt werden. Sie wird dem, der die Situation nüchtern und ohne Panik analysiert, Chancen verschaffen.

Ein Börsencrash bedeutet für Sie, noch stärker langfristig zu denken und in einer solchen Schwächephase eher konsequent aufzustocken. Im Vergleich der Anlageklassen Gold, Immobilien, Aktien oder Festverzinsliche lagen bei längerer Betrachtungsweise Aktien immer ganz vorn. Wenn wir weiter daran denken, dass viele Institutionelle sich sowohl in 2003 als auch in 2008 »unter allen Umständen« von ihren Wertpapierengagements trennen mussten, dann erkennen Sie Ihren Vorteil als Privatanleger: Sie müssen – hoffentlich – nicht unter allen Umständen verkaufen, weil Sie wie eine Pensionskasse oder eine Versicherung Liquidität ausbezahlen müssen. Im Gegensatz zu manchen »Professionellen« müssen Sie sich hoffentlich nicht unter ungünstigsten Umständen von guten Titeln trennen. Ganz im Gegenteil stehen im Jahr 2010 gerade die »Institutionellen« stark unterinvestiert da und müssen offenbar allmählich wieder in den Markt reingehen, weil die Rendite der »Festverzinslichen« schlicht nicht ausreicht, um viele Verpflichtungen zu bedienen.

Amüsant ist es manchmal, die technische Verfassung des Marktes zu beobachten: Bei schlechten Nachrichten gibt es kurze Rückgänge, die sehr schnell wieder ausgeglichen werden. Es drängt sich das Gefühl auf, dass große Anleger allmählich wieder einsteigen und dabei auch kleinste Marktrückgänge nutzen, während die breite Öffentlichkeit – »Lieschen Müller« – immer noch verschreckt ist und sich »immer noch nicht traut«. Die Zahl der direkten Aktienanleger gegen Ende 2009 liegt noch immer unter 4 Millionen, sie lag zu Höchstzeiten bei mehr als 10 Millionen.

Wir erinnern uns daran, dass es günstige Kurse nur bei »fürchterlichen Nachrichten« gibt, wie es der bekannte PEH-Fondsmanager Peter Huber einmal formulierte. Von solchen Nachrichten hatten wir nach der Finanz- und Wirtschaftskrise wahrlich genug, aber auch diesmal wird die Welt vielleicht doch nicht untergehen, die Katastrophenstimmung wird möglicherweise der nächsten Euphorie Platz machen, bei der man dann vielleicht nicht unbedingt verkaufen muss, sondern sehr zögerlich – wenn überhaupt – noch zukaufen sollte.

Was also werden Sie im Crash machen? Sie haben nur zwei Optionen: Entweder machen Sie gar nichts aufgrund Ihrer Überzeugung, dass der Boden vielleicht noch nicht erreicht ist. Oder Sie werden, wenn Sie etwas liquide sind und einen kühlen Kopf behalten haben, bei den allerbesten Firmen dieser Welt ZUKAUFEN!! Eine ordentliche Baisse oder ein Crash dauert im Schnitt etwa zwei bis drei Jahre. Verkaufen Sie niemals im Crash, auch wenn Sie alle Freunde für verrückt erklären. Und seien Sie versichert: So sicher, wie der nächste Crash kommt, ebenso sicher kommt die nächste Hausse. Dieses Spiel ist immer das gleiche, es war noch nie anders. Das ist eine der wenigen Konstanten in der Börsenwelt.

Lassen Sie sich auch nicht verschrecken von einigen Börsengurus, die vor lauter Bäumen den Wald nicht sehen. In diesem Kontext will ich das Buch von Dirk Müller, »Mr. Dax«, erwähnen, weil er regelmäßig in den Börsennachrichten vor der großen Daxtafel abgebildet ist. Er begann (erst) 1992 seine Karriere an der Frankfurter Börse und schreibt in seinem Buch *Crashkurs* neben vielem anderen, dass Sie als Privatanleger erst dann wieder in die Börse einsteigen sollten, wenn eine »gewisse Stabilisierung« eingetreten ist. Er schreibt auch: »Aktien und Aktienfonds gehören in diesen unsicheren Zeiten schlichtweg nicht ins Depot ...« Diese Aussagen machte er, als die Märkte Anfang 2009 einen Tiefpunkt erreicht hatten. Der Mann ist jung – überlegen Sie, ob Sie das wirklich glauben wollen oder ob Sie sich eher an die Aussagen von Gerd Krommer halten, der die größte relative Sicherheit eben doch bei einem vernünftig diversifizierten Aktiendepot sieht. Denken Sie auch daran, dass Investoren mit zunehmendem Alter und Lebenserfahrung besser werden.

Wenn Sie des Öfteren Boom und Crash persönlich mit durchlitten haben, sehen Sie diese Wechselspiele gelassener. Ich persönlich würde bei jedem Crash, den ich als solchen erkenne, gern wieder einsteigen – meine persönlichen Erfahrungen mit solchen desaströsen Zeiten sind äußerst positiv, wenn auch vielleicht nicht unbedingt angenehm.

Ich habe kaum eine Investmentspielart ausgelassen und gelange immer mehr zu der Überzeugung, die ich mit Nachdruck vertrete: »Sicher ist gar nichts, aber die relative Sicherheit von Aktien ist groß, allemal größer als bei unternehmerischen Beteiligungen, Immobilien und auch Gold. Darüber hinaus haben Sie den Vorteil einer guten Verfügbarkeit, jederzeit bekommen Sie einen Preis gestellt. Und wenn das Umfeld schwierig ist und die Aktienkurse im Keller sind, warum dann nicht endlich billig einkaufen??

Wenn Sie einen Bekannten auf der Straße treffen und er Ihnen die klassische Frage stellt »Na, wie stehen die Aktien?«, dann werden Sie sinnvollerweise nicht mit »Gut« oder »Schlecht« antworten, sondern etwas differenzierter mit »Gut zum Kaufen«, wenn die Kurse unten sind, oder »Gut zum Verkaufen«, wenn die Kurse oben sind.

Das Jahr 2008 ist mit seinen Kursverlusten vergleichbar mit dem Jahr 1929 und damit das zweitschlechteste Jahr in der gesamten Börsengeschichte. Wenn Sie die Börsengeschichte näher anschauen und die Kursentwicklung der Jahre inspizieren, die solchen Katastrophenjahren folgen, dann werden Sie erkennen, dass die Jahre nach 1929 von guten

Kurszuwächsen gekennzeichnet waren, von März 2009 bis Ende 2009 gab es ebenfalls Kurszuwächse in der Größenordnung von 50 % und selbst zu diesen Zeiten sind viele Institutionelle, Versicherungen, Pensionskassen und auch Fonds nur ausgesprochen zögerlich investiert. Diese registrieren zunehmend, dass sie ihre Investoren mit kümmerlichen Zinsen auf Tagesgeldkonten nicht abspeisen können, und werden mit hoher Wahrscheinlichkeit wieder in gut performende Unternehmen investieren müssen. Das könnte die Kurse in den nächsten Jahren deutlich nach oben treiben.

Solche Verläufe sind im kollektiven Gedächtnis kaum verankert, im Gegenteil: Wenn die Kurse oben sind, freut man sich, obwohl dann die besten Kaufzeiten bereits vorbei sind.

Markt-Timing ist nicht unser Ding, aber wenn Sie spüren, dass alle Welt die Hosen gestrichen voll hat wie in 2003 oder in 2008 oder auch Anfang 2009, warum dann nicht bei guten Titeln beherzt zugreifen – auch gegen den Rat Ihrer Freunde und vielleicht Ihrer eigenen Ehefrau? Das ist dann angebrachtes antizyklisches Handeln, in solchen Situationen können Sie gegenüber dem Markt mal eine Überrendite erzielen – Sie werden aber gegen Ihr eigenes »soziales Profil« antreten müssen, das Sie immer in eine Richtung drängen wird: sich ähnlich zu verhalten wie die anderen.

Als Privatanleger werden Sie sinnvollerweise in einem Crash das tun, was Sie mancher PC fragt: Wollen Sie etwas tun? Im Crash werden Sie in der Regel NICHTS tun! Auf keinen Fall im Tief verkaufen und auch nicht in andere Anlageklassen wechseln. Panikverkäufe haben wir bei den »Institutionellen« in den Jahren 2001 bis 2003 erlebt, weil alle aus ihren Anlagen flüchten wollten und auch, weil sie unter Umständen – wie Versicherungen – Zahlungsverpflichtungen hatten. Hochkapitalisierte Unternehmen kamen unter die Räder, weil sie besser zu verkaufen waren als Small Caps. Es war wie in einem Kino, wenn jemand »Feuer« schreit und alle gleichzeitig zu derselben Tür raus wollen.

Börsenpsychologie

»Mit dem Paternoster in den Keller zu fahren ist ungefährlich – man darf nur nicht unten in Panik geraten.«
Ein zumindest mir unbekannter Börsianer

Kleine Gewinne können sich für solche Börsianer gefährlich auswirken, die emotional weniger stabil sind. Eine große Gefahr besteht dann darin, dass eine Position zu früh aufgelöst wird, wenn sie sich im Gewinn befindet, weil durch eine solche »Belohnung« das Selbstwertgefühl gestärkt wird.

Auf der anderen Seite haben erfolglose Börsianer Angst davor, sich *einen Verlust einzugestehen*, sie klammern sich an die Hoffnung, dass ein »Buchverlust« nur vorübergehend ist. Ein Verkauf in diesem Moment würde ihr Selbstwertgefühl weiter destabilisieren. Wenn Sie aus diesem Grund »verbilligen«, also nachkaufen bei einem fundamental schlechten Unternehmen oder weil Sie sich verschätzt haben, dann machen Sie Ihren Fehler nur noch schlimmer. Machen Sie lieber gleich reinen Tisch.

Bei einer Position, die ins Minus gerutscht ist, müssen Sie sich darüber klar werden, ob Sie bei guten Fundamentaldaten verbilligen wollen – sinnvoll – oder ob Sie lediglich nachkaufen, um sich keinen echten Verlust eingestehen zu müssen.

Andere Anleger suchen an der Börse vorwiegend den *Nervenkitzel*. Dieses Vergnügen ist ausgesprochen teuer, denn damit haben Sie von vornherein sehr schlechte Karten – der Nervenkitzel ist dagegen garantiert.

Sie müssen gewinnen wollen! Nur dann informieren Sie sich gründlich genug. Für Spaß und Unterhaltung gibt es bessere Möglichkeiten. Dagegen sollten Sie das Handeln an der Börse unbedingt als intellektuelle Herausforderung verstehen.

Am Aktienmarkt gibt es üblicherweise *keine Schnäppchen* oder *Sonderangebote*, jedenfalls werden Sie diese nicht ohne Weiteres als solche erkennen.

Die Tipps, die von Freunden oder Bekannten weitergereicht werden, sind regelmäßig kalter Kaffee beziehungsweise Wissen, das schon längst durch die Preise bekannt ist. Der Markt wird zwar von psychologischen Komponenten wesentlich beeinflusst, aber so effektiv ist er dann schon, dass er in einer solchen Situation die Preise entsprechend Nachfrage und Angebot festlegt.

Sie sollten *regelmäßig Finanzzeitungen lesen*, damit Sie wissen, was gerade en vogue ist und welche Branchen sich im Fokus befinden – um dann möglichst das Gegenteil zu machen.

Bereits im Jahr 1912 schrieb G.C. Selden die klassische Weisheit:

»Der größte Fehler von 99 % der Anleger und Händler besteht darin, dass sie bei hohen Kursen optimistisch und bei niedrigen pessimistisch sind.«

Nichts anderes meint Kostolany, wenn er vom »Schmerzensgeld« spricht, das Sie an der Börse bezahlen müssen. Es bereitet Schmerzen, ausgerechnet dann in den Markt zu gehen, wenn die *Welt vor Pessimismus trieft*, der Weltuntergang am Horizont winkt, der nächste Weltkrieg kurz vor dem Ausbruch scheint und die Globalisierung alle nur arm macht. Aber in einer solchen Situation ist der Markt »leergeschüttelt«, sind die »Zittrigen« aus dem Markt. Und wenn Sie noch etwas klaren Verstand bewahrt haben, merken Sie, dass die Kurse auf einmal trotz weiterer schlechterer Nachrichten nicht mehr absacken, und zwar deshalb, weil die paar Leute, die jetzt noch Aktien halten, zählebig sind, sich nicht mehr um das Geschrei auf der Straße kümmern und ihren Bestand halten. Irgendwann verzieht sich das Gewitter, die Anleger trauen sich wieder an den Markt und die Kurse gehen nach oben.

Wenn Sie in der Lage sind, die technische Verfassung des Marktes zu erkennen, können Sie dann einigermaßen zuverlässig von einer *Bodenbildung* ausgehen. So wurde am 26.6.02 ein Bilanzskandal bei Worldcom offenbar. Es stellte sich heraus, dass die Firma ihre Bilanzen um einen Betrag von rund 4 Milliarden Dollar gefälscht hatte. In den Finanzzeitungen wurde wieder mal von einem *Erdbeben an den Börsen* gesprochen. Nach etwas Berg- und Talfahrt schloss der Dow Jones an diesem Tage um 0,1 % (!) tiefer. Und das wars. Das ist ein Beispiel dafür, dass die Zittrigen zu diesem Zeitpunkt aus dem Markt im Wesentlichen draußen waren und die, die jetzt noch Titel hatten, nicht mehr verkaufen wollten. Umgekehrt gilt das Gleiche: Ein Markt ist nach oben ziemlich ausgereizt, wenn er sich auf gute Nachrichten nicht mehr nach oben bewegt.

Begeisterung und Enthusiasmus sind gute Eigenschaften, wenn es darum geht, ein neues Projekt zu beginnen. Beide sind an der Börse völlig fehl am Platz.

Wenn Sie von einem Trend oder von einem Titel total überzeugt sind und es vor lauter Tatendrang – und weil auch die Nachrichten und Informationen so unglaublich gut sind – nicht mehr aushalten, dann gehen Sie »in Gottes Namen« eine kleine »Kennenlern-Position« ein. Dann können Sie sich wenigstens selbst damit trösten, dass Sie einen Ihnen wichtig erscheinenden Trend nicht verpennt haben. Sie entdecken eine Affinität zu diesem Thema und werden diesen Sektor in nachfolgenden Monaten sehr genau beobachten. Sie werden Ihren ersten Eindruck wesentlich vertiefen und können Ihre Entscheidung in jede Richtung korrigieren.

Der Preis einer Aktie wird neben den fundamentalen Faktoren wesentlich von der Psychologie bestimmt. Es ist rational nicht nachzuvollziehen, dass die Marktkapitalisierung eines Unternehmens bei gleichem Umfeld im Laufe von wenigen Tagen um Millionenbeträge schwanken soll. Der Preis für Aktien ist also *immer entweder zu hoch oder zu tief* – allerdings neigen die Marktteilnehmer regelmäßig dazu, dann zu kaufen, wenn die allgemeine Stimmung gut ist und alle andern auch kaufen. Man fühlt sich dann einfach wohler und aufgrund unserer Sozialisation sind wir so gepolt, dass wir immer versuchen, uns im sozialen Kontext zu bewegen. Von diesem Sentiment müssen Sie spätestens jetzt Abschied nehmen.

Aufgrund unserer Sozialisation sind wir so gepolt, dass wir immer versuchen, uns im sozialen Kontext zu bewegen.

Das ist an der Börse außerordentlich gefährlich. »Gutmenschentum« ist im persönlichen Umfeld wichtig. Die Börse dankt es Ihnen aber in gar keiner Weise, wenn Sie Geld verlieren.

An der Börse brauchen Sie ein gerütteltes Maß an Zynismus, Misstrauen und Selbstvertrauen, um sich über den Zeitgeist hinwegzusetzen. Wenn solche Charakterzüge offenbar werden, sind Sie nicht länger jedermanns Freund.

Deshalb sollten Sie immer davon ausgehen, dass die Mehrheit der Börsenteilnehmer nicht bereit ist, diesen Preis zu bezahlen: sich ins Abseits zu stellen und gegen die allgemeine Meinung zu handeln. Mit dieser Einstellung werden Sie immer ziemlich allein dastehen, aber sie ist eine Voraussetzung für Erfolg an der Börse.

Von Wolfgang Gerke wurden die Begriffe der *Börsenlemminge* und der *Milchmädchenhaussiers* geprägt. Dieses Verhalten kann man bei Boom und Crash immer wieder beobachten: Den Börsenlemmingen wird plötzlich und unerwartet bewusst, dass Kurse fallen können, sie sehen den Abgrund vor Augen und stürzen sich in Verkaufsaufträge. Weil das alle so machen und weil in einer solchen Situation allgemeine Panik um sich greift, kommt es zum Börsenabsturz.

Ähnlich, aber mit umgekehrtem Vorzeichen läuft die »Milchmädchenhausse« ab, wenn die Leute mit Scheuklappen nur noch mögliche Gewinne sehen und jeder *noch schnell auf den Zug aufspringen will.*

Sie können die Fehlerquote erheblich reduzieren, wenn Sie nicht die Kurse, sondern die Unternehmen beobachten. In der Zeitung sollte die Kurstabelle für Sie allmählich zweitrangig werden, weitaus wichtiger sind die Nachrichten über »Ihre« Unternehmen.

Wenn »Ihr« Unternehmen o.k. ist, die Massenhysterie und allgemeine Panik wieder mal sehr ausgeprägt, dann ist eine hervorragende Gelegenheit gegeben, nachzukaufen. Selbst wenn Sie den Tiefpunkt nicht genau erwischen, ist das nicht mehr so schlimm: Sie haben oder sollten Unternehmen ausgewählt haben mit langjähriger guter Gewinnentwicklung und damit wächst im schlimmsten Fall das Unternehmen etwas später in das richtige KGV hinein.

Sie können die Fehlerquote erheblich reduzieren, wenn Sie nicht die Kurse, sondern die Unternehmen beobachten.

Wie auch sonst oft im Leben ist eine *langfristige Betrachtungsweise* entscheidend für Ihren Erfolg.

Für den Aktienmarkt gilt diese Erkenntnis in ganz besonderem Maße: Die langfristige Entwicklung, der sogenannte Basistrend, geht nach oben, das heißt, bei langfristiger Betrachtung ist der Aktienmarkt kein Nullsummenspiel, sondern eine Angelegenheit, von der vielleicht nicht alle, aber doch sehr viele profitieren können – auch wenn diese Tatsache Kritikern eines kapitalistischen Systems nicht in ihr dogmatisch verzerrtes Bild passt.

Gewinner ist regelmäßig, wer einen Anlagehorizont von 10, besser noch 20 Jahren mitbringt und den kommende Zusammenbrüche des Marktes nicht aus dem Gleis bringen. Und der sogar im besten Fall in einer solchen Situation noch ein paar Euro aufbringen kann, um sie möglichst in dieser Zeit noch zu investieren.

Rentenpolitiker müssten sich freuen, wenn durch solcherart langfristige Überlegungen die allgemeine Rentensituation entschärft wird. Aber es könnte gut sein, dass sie den Wert von Langfristüberlegungen gar nicht erkennen, weil sie von Wahl zu Wahl überleben müssen.

Börsenzyklen

»Der Gewinn, der spät kommt, ist besser als gar keiner.«
J. H. Bessel

Es ist bemerkenswert, mit welch relativer Zuverlässigkeit sich Boom- und Baisse-Phasen an der Börse abwechseln. Unter anderem deshalb ist der Spruch »Diesmal ist alles anders« so gefährlich. Ins andere Extrem verfallend, könnte man sagen, es ist niemals anders, sondern *immer das gleiche Spiel*. Damit sind wir bei den Börsenzyklen.

Im Gegensatz zum Roulette ist die Börse kein Nullsummenspiel. Spätestens nach der Lektüre von Nicholas Talebs Buch *Der Schwarze Schwan* sind Sie bestens informiert, dass Roulette eben kein Glücksspiel ist, vielmehr haben Sie ganz klar die Statistik gegen sich. Je mehr Spiele gespielt werden, desto aussichtsloser wird Ihre Lage. Und das ist mit ein Grund, weshalb Croupiers gehalten sind, möglichst viele Spiele in kurzer Zeit abzuwickeln, damit die Statistik zum Tragen kommt. Im Einzelfall können Sie Glück haben, bei einer großen Serie von Spielen haben Sie dagegen alle Karten, die Wahrscheinlichkeit und die Statistik gegen sich.

Da die Börse kein Nullsummenspiel ist, sondern im Gegenteil die Märkte durch einen langjährigen Aufwärtstrend gekennzeichnet sind, hat das für Sie die klare Konsequenz, dass Sie bei halbwegs normalen Verhältnissen grundsätzlich investiert sein sollten. Falls Sie in der Lage sind, eine Markteuphorie früh genug zu erkennen, um so besser, dann können Sie den Markt auch mal verlassen. Das ist jedoch selbst Investmentlegenden nicht geglückt. Immer wieder wird in Börsenbüchern zu Recht darauf verwiesen, dass die Rendite eines Portfolios gewaltig schrumpft, wenn man nur die 10 besten Tage nicht im Markt ist. Umgekehrt gilt, dass die Rendite deutlich steigt, wenn man während der schlechtesten 10 Tage nicht investiert ist.

Im Prinzip gehen die Märkte tendenziell nach oben, und wenn Sie Euphorie und Pessimismus nicht sicher erkennen, ist die Strategie, durchweg im Markt zu bleiben, eine gute Strategie. In diesem Punkt schließe ich mich der Auffassung von Gerd Kommer oder auch von Martin Weber an, die für den Privatanleger eine konsequente Buy-and-Hold-Strategie empfehlen und dadurch im Widerspruch stehen zu Aktivisten, die ihr Portfolio ständig umschichten und eben dadurch wesentliche Kosten für sich und Gewinne für die Bank produzieren.

Die Entwicklung des Marktes ist im Prinzip kurzfristig nicht vorherzusagen. Da das Börsengeschehen aber stark von Psychologie geprägt ist und menschliche Grundmuster einigermaßen gleich bleiben, gibt es doch typische zyklische Abläufe.

Sie können davon ausgehen, dass nach einem kräftigen Crash kein Mensch mehr etwas von Aktien wissen will. Die »Zittrigen«, frei nach Kostolany, sitzen in der Ecke und lecken ihre Wunden. Die »Bodenbildung« hat stattgefunden, was Sie daran erkennen, dass bei negativen

Nachrichten die Kurse nicht mehr weiter zurückgehen. Der Markt ist »ausgeschüttelt«. So sicher wie nach einer langen Nacht die Sonne wieder aufgeht, wandelt sich sehr langsam das Bild. Zunehmend mehr Leute mit kühlem Verstand analysieren die Situation und finden Unternehmen, die vernünftig bewertet sind. Diese Anleger decken sich jetzt mit Titeln ein, die nach vernünftigen Kriterien zu billig sind. Die Gewinnentwicklung ist gut, »beim Blick nach unten« kann nicht viel passieren. Die allgemeinen Handelsumsätze sind ausgesprochen gering.

Einige Leute mit kühlem Verstand analysieren die Situation und finden jetzt Unternehmen, die vernünftig bewertet sind.

Allmählich merken auch andere Marktteilnehmer, dass die Welt nicht untergegangen ist, und steigen wieder vorsichtig in den Markt ein. Kostolany spricht in dieser Phase von der Phase der »Begleitung«, was bedeutet, dass die Kurse sich »richtig« oder »angemessen« verhalten, denn sie gehen bei guten Nachrichten nach oben und bei schlechten Firmenergebnissen nach unten. Die Situation ist im Allgemeinen »stimmig«.

Dann merken die, die im Leben immer zu kurz gekommen sind, dass sie etwas Wichtiges verpasst haben, und wollen jetzt auch gern über Nacht reich werden, wie man das ja schon so oft gehört hat. Sie kaufen und kaufen und als typische Spätmerker kaufen sie immer mehr – und das noch zu jedem Preis. Die Kurse haben keinen Bezug mehr zu den Unternehmensdaten. Die Welt ist rosig, alle spielen brav mit, in dieser Gesellschaft fühlt man sich wohl. Das kritische Urteilsvermögen wurde bereits an der Garderobe abgegeben. Es gilt das Motto: Je unkritischer, umso später, dafür aber umso heftiger wird investiert. Auf wichtigen Partys wird nur noch über das Thema Börse gesprochen, das jetzt sogar das übliche Thema Nr. 1 an den Rand drängt. Die Finanzzeitungen erhöhen ihre Auflage und erklären, dass die bisherigen Überlegungen nicht mehr gelten und ein ganz neues Aktienzeitalter angebrochen ist. Für etwas beschränkt wird der angesehen, der jetzt nicht mitspielt.

Damit ist allmählich die Zeit reif für die Trendumkehr: Alle potenziellen Käufer sind bereits im Markt. Alle, die noch einen Euro investieren können, haben investiert und teilweise Kredite aufgenommen, um nicht zu spät reich zu werden. Jetzt finden sich aber – plötzlich – keine neuen

Käufer mehr. *Diejenigen, die zu Höchstpreisen gekauft haben, finden keine Dummen mehr, die bereit sind, noch höhere Preise zu bezahlen.*

Die besser Informierten beginnen mit ersten Verkäufen. Sehr unwillig und zögerlich wird zur Kenntnis genommen, dass Aktien auch mal fallen können. Wer Aktien auf Kredit gekauft hat, schläft jetzt besonders schlecht. Die Kurse gehen aber weiter zurück – mit der Folge, dass Leute mit Wertpapierkrediten verkaufen müssen. Das drückt die Kurse. Weitere negative Nachrichten treiben die Kurse nach unten. Die Kurse werden weiter gedrückt durch manche Computerprogramme, die Verkäufe einleiten. Allmählich kommt Unruhe auf, die sich dank grenzenloser Kommunikation schnell in Panik steigert. Die Lawine ist losgetreten. Es gilt jetzt: Rette sich, wer kann. Nichts wie raus aus dem Markt!

Jetzt kommt wieder die Zeit, in der kein Mensch mehr etwas von Aktien wissen will, die »Zittrigen« sitzen in der Ecke und lecken die Wunden … siehe oben!

Schön wäre es, wenn Sie den Zeitpunkt der Trendumkehr besser einschätzen könnten. Machen Sie sich aber nicht allzu viele Illusionen. *Massenpsychologie* ist ein schwieriges Thema. Ganz allgemein können Sie festhalten, dass eine *Trendumkehr* dann fällig ist, wenn entweder *extremer Optimismus* oder extremer Pessimismus am Markt zu beobachten ist. Anfang des Jahres 2000 strotzte die Welt vor Optimismus – typische Bucherscheinung: Der Dow Jones kletterte auf 40 000 (wird er wohl auch wieder, aber wann?). Die darauffolgende Zeit ist geprägt von *deutlichem Pessimismus*: Die Globalisierung wird als Problem gesehen, das Verhalten der Amerikaner gegenüber den »Schurkenstaaten« weniger als Bemühen um Recht und Ordnung, sondern als riskant für den Weltfrieden. Insgesamt findet sich eine ganze Menge an Pessimismus im Markt, sodass es nicht überraschen würde, wenn es zur Abwechslung wieder mal steil nach oben ginge.

Japanische Verhältnisse

Natürlich kann die ganze Welt in einem Strudel versinken, wobei dann zu überlegen ist, ob andere Anlagen gewinnbringender oder wenigstens weniger verlustträchtig gewesen wären. Gern wird Ihnen als Aktienfreak das Beispiel von Japan vor die Nase gehalten, schließlich hat sich der japanische Aktienmarkt auch 10 Jahre nach dem Absturz des Nikkei von fast 40 000 Punkten noch nicht erholt und dümpelt immer noch in einer Trading Range von 12 000 bis 16 000 Punkten. Dramatisch gesunkene Zinsen und eine dennoch schrumpfende Wirtschaft zeichnen das Bild einer ausgeprägten Deflation. Darüber hinaus belastet die Furcht, dass sich eine solche Entwicklung weltweit etablieren könnte.

Die Wahrscheinlichkeit dafür ist gering, schließlich platzte in Japan eine massive Blase, wie das zumindest im Nachhinein, aber eben erst im Nachhinein, deutlich erkennbar ist. Im Nachgang kann man sagen, dass es von jeder Realität weit entfernt war, wenn vor dem Platzen der Blase *der Grund und Boden allein der Stadt Tokio ungefähr so hoch bewertet wurde wie annähernd das gesamte Immobilienvermögen von Amerika*. Die Ähnlichkeit der überzogenen Reaktionen mit der Tulpenmanie im Holland vergangener Jahrhunderte drängt sich auf.

Regionale Verwerfungen oder Verwerfungen in einer Branche oder das Entstehen einer Blase in bestimmten Bereichen wie im Internet oder in der Telekommunikation werden immer wieder vorkommen.

Weil Fehleinschätzungen auch bei sorgfältiger Recherche immer möglich sind und ein Superinvestor wie Warren Buffett darin doch noch ein bisschen besser ist als Sie, sollten Sie stärker als er nach Regionen und Branchen diversifizieren – und das weltweit.

Von der Makroökonomie her spricht einiges dafür, dass weltweit die Prosperität zunimmt, dass die Produktivität besonders im asiatischen Raum wächst und dass die ganz *großen Killer der Aktienkurse* wie das Wettrüsten zwischen Supermächten eine geringere Rolle spielen als bisher. Zynischerweise »gewöhnen« sich die Märkte auch an aufkommenden Terrorismus, was gleichzeitig die Hoffnung weckt, dass der Terror als Mittel zum Zweck weniger werden könnte, da dessen Effektivität nachlässt, wenn er insbesondere von den Medien deutlich weniger zur Kenntnis genommen wird.

Wir befinden uns trotzdem nicht auf einer Insel der Seligen, aber es spricht einiges dafür, dass trotz einer höheren Wahrscheinlichkeit von Terrorakten kriegerische Konflikte eher regionaler Natur und möglicherweise besser kontrollierbar sein werden. Von diesem Szenario, wenn sich die Supermächte nicht gegenseitig mit Rüstungsanstrengungen überbieten – wobei auch bei solchen Szenarien manche Rüstungsaktien performen würden –, könnten Aktienmärkte profitieren.

Für das bevorstehende Auftreten einer Weltwirtschaftskrise wie nach 1929 spricht also nicht sehr viel. Auch wenn Sie niemals ganz sicher sein können, dürfen Sie doch vermuten, dass große multinationale Konzerne etwaigen Entwicklungen besser begegnen können und sie besser abfedern können als schwerfälligere Staatswesen.

Fait accompli

Ein Phänomen, das man sich gelegentlich nach sorgfältiger Analyse der Situation zunutze machen kann, ist das Fait accompli. Dies ist ein kurzfristiger Effekt. Für Anleger ist ja Unsicherheit außerordentlich schwer auszuhalten und *Kurse von Aktien, die einem Risiko ausgesetzt sind, gehen oft überproportional in die Knie.* So zum Beispiel der Kurs von Philip Morris, als die Firma erstinstanzlich zu einer riesigen Schadensersatzzahlung verdonnert wurde. Der Kurs von Morris fiel im Jahr 2000 bis auf 19 Euro, zu dieser Zeit wurde allgemein vom Kauf dieser Aktie abgeraten. Wie schon so oft, wurde das Urteil des amerikanischen Laiengerichtes zu Recht verworfen, der Kurs verdreifachte sich und – erst ab dann wurde von Analysten zum Kauf geraten. So viel zur *Effizienz der Märkte.*

Beim Fait accompli können Sie davon ausgehen, dass die Anleger eine Aktie meiden oder verkaufen, wenn sie damit rechnen, dass die Gewinnerwartungen nicht ganz getroffen oder unterschritten werden. Viele wollen sich vor der endgültigen Bekanntgabe eines Ergebnisses noch schnell von dem Titel trennen, sodass der Kurs eines solchen Titels zunehmend in die Knie geht. Wird dann das erwartete schlechte Ergebnis bekannt gegeben, steigt im gleichen Moment der Kurs auch schon wieder an, weil auf dem jetzt niedrigen Niveau Kaufinteressenten in Erscheinung treten. Ein rasanter Kursanstieg ist auch dann zu erwarten, wenn der Gewinnabschwung doch nicht so massiv ausgefallen ist, was man immer wieder bei der jüngsten Erholung in 2009 beobachten kann, wenn die wirtschaftlichen Ergebnisse der Firmen zwar fürchterlich sind, aber doch nicht ganz so schlimm wie befürchtet …

Ein schönes Beispiel für ein Fait accompli ist der *Krieg der USA gegen den Irak*: Monatelang gingen die Kurse deutlich zurück, viele hatten Angst vor dem Ereignis und trennten sich von vielen Papieren. Kurz nach Kriegsausbruch zischten die Kurse nach oben und diese Bewegung verstärkte sich weiter, als erkennbar wurde, dass die Amerikaner diesen Krieg überlegen für sich entscheiden würden. Dass ausgerechnet die Phase nach dem militärisch gewonnenen Krieg größere Probleme machen würde, hat in dieser Weise allerdings niemand so deutlich vorausgesehen. Das Nachrichtenmagazin *Spiegel* hat, im Gegenteil, von den gefährlichen Waffen der Iraker berichtet, die im Sand schlummern und die den Kriegsausgang sehr ungewiss erscheinen lassen würden. Wir dürfen das heute als völlige Fehleinschätzung einstufen: Der eigentliche Krieg war nach wenigen Tagen militärisch gewonnen, mit den Problemen nach dem Krieg schlagen wir uns bis heute herum – so viel zur Nachrichtenqualität auch seriös daherkommender Medien.

Umgekehrt gilt: Wenn eine Firma einen geringeren Gewinn verkündet als erwartet, wird der Kurs in die Knie gehen, ganz egal, wie die Firma fundamental dasteht. Enttäuscht werden eine Reihe von Anlegern diese Position »erbost« reduzieren oder liquidieren, auch wenn der Gewinn möglicherweise höher als ein entsprechender Vorjahresgewinn gewesen ist.

Dieses Phänomen dürfen Sie als durchaus irrational verstehen, das Sie auch in einem effizienten Markt beobachten können.

Turn-around-Situationen

Wenig ist den Menschen verhasster als Unsicherheit. Für ein kleines Quäntchen mehr an Sicherheit sind sie bereit, ungleich höhere und auch unangemessenere Preise zu bezahlen. Es gibt immer wieder Situationen, bei denen eine Firma in ernsthafte Schwierigkeiten gerät und die Existenz der Firma gefährdet ist, zum Beispiel die Firma *Apple* im Jahr 2000. Durch das Engagement des ehemaligen Firmengründers Steve Jobs gelang es, das Blatt zu wenden und die Firma zurück in die Gewinnzone zu führen. Wer den Mut hatte, bei *Apple* damals zu kritischen Zeiten einzusteigen, wurde fürstlich belohnt.

Einen ähnlichen Absturz erlebte die *Worldcom-Aktie* im Jahr 2002, als deren Bilanzfälschungen bekannt wurden, die Kreditlinie der Firma ausgereizt war und die Verbindlichkeiten ein gefährliches Maß erreichten. Die Kurse fielen ins Bodenlose, die Firma schaffte den Turn-around nicht, der Einsatz ging mehr oder weniger verloren. Turn–around-Situationen beinhalten das Risiko, dass eine Kehrtwende eben doch nicht geschafft wird und das Kapital verloren geht.

Eine besonders hohe Rendite ist regelmäßig mit einem besonders hohen Risiko gepaart.

Wenn Sie in der Lage sind, die Situation einer Krisenfirma zutreffend einzuschätzen, dann winken hier außerordentlich große Gewinne. Nicht nötig anzumerken, dass auch das Risiko außerordentlich groß ist. Viele Firmen schaffen den Turn-around eben nicht und werden auch nicht von einem anderen Unternehmen übernommen. Deshalb ist es angebracht, nur einen klar definierten Teil seines Kapitals einzusetzen und notfalls auch den Verlust des eingesetzten Kapitals zu akzeptieren.

Generelle Struktur eines Portfolios

»Die rechte Zeit, ein Unternehmen zu verkaufen, ist nie.«
Warren Buffett

Von Sir John Templeton kommt die Aussage »Hunt for value and bargains« – will heißen, zu viele orientieren sich an Prognosen und Trends. Konzentrieren Sie sich lieber auf die tatsächlichen Unternehmenswerte. Dann werden Sie auch höhere Gewinne erzielen. Sie können auf dem Aktienmarkt nur dann ein Schnäppchen machen, *wenn Sie das kaufen, was die meisten Anleger verkaufen* – frei nach Templeton.

Wenn wir ehrlich sind, dann müssen wir uns eingestehen, dass wir am Markt nur dann und wirklich nur dann eine Mehrrendite erzielen werden, wenn wir mehr wissen als der Markt. Überschätzen wir uns dabei nicht: Der Markt, das sind die anderen, die Institutionellen, die Großanleger und viele andere Interessierte. Im Vergleich zu denen, die sich ebenfalls abstrampeln und ganztägig bei der Sache sind, ist es für uns als Privatanleger schwierig, wenn nicht unmöglich, einen Wissensvorsprung zu erzielen. Ein solches Mehrwissen trauen wir Investorenlegenden wie Buffett oder Templeton zu – vielleicht auch uns selbst, wenn wir uns entsprechend intensiv mit der Materie befassen. Dieses *Mehrwissen* wird bei uns aber in der Regel nicht vorhanden sein. Das wiederum hat für uns die klare Konsequenz, dass wir typischerweise die Marktrendite erzielen werden, aber nur dann, wenn wir keine Fehler machen.

Der häufigste Fehler ist die *häufige Umschichtung der Positionen* einerseits, weil das zwangsläufig mit zu hohen Transaktionskosten verbunden ist. Bei einer Studie unter amerikanischen Millionären hat man einmal die Umschichtungshäufigkeit gemessen und festgestellt, dass die erfolgreichsten Anleger am wenigsten umgeschichtet hatten, manche nur ein einziges Mal im Jahr oder noch weniger.

Die Entstehung eines *Klumpenrisikos* aufgrund zu geringen Diversifikation ist ein weiterer häufiger Fehler von Privatanlegern. Dabei denken wir mit Missfallen an die »schönen Bankaktien« zurück – hässliche Beispiele sind dafür die RBS, die Royal Bank of Scotland oder Lloyds TSB und ING, die wegen der Staatshilfen längere Zeit keine Dividende zahlen wird, oder auch an den erheblichen finanziellen Anteil von GE, der den gesamten Mischkonzern beeinträchtigt.

Wir sollten uns also dazu durchringen, breiter gestreute Depots zu führen, wie zum Beispiel ein Ken Fisher empfiehlt, oder aber unsere Hausaufgaben noch gründlicher zu machen.

Die Guten sind nicht so gut, wie sie sich gern darstellen und wie sie dargestellt werden, und die Bösen sind nicht so böse, wie sie dargestellt werden. Diese Erkenntnis aus dem menschlichen Leben gilt auf für ein Aktiendepot. *Stimmt immer alles, was so erzählt wird?*

Nach Warren Buffett soll die Anzahl der Titel in einem Portfolio ausgesprochen klein sein, um eine bessere Recherche der Firmen und des Managements betreiben zu können. Von ihm stammt die Weisheit, dass man während eines ganzen Anlagelebens insgesamt nur etwa 10 Mal eine Anlageentscheidung treffen sollte, die dann umso überlegter ausfallen würde. Wenn man im ganzen Leben nur etwa 10 Anlageentscheidungen treffen dürfte, dann würden Sie sich diese wahrscheinlich ziemlich gut überlegen. Wenn Sie extrem gut informiert wären, bräuchten Sie nur eine einzige gute Firma, von der Sie dann maximal profitieren könnten – wie es John Slater, amerikanischer Investor, mit IBM praktiziert hat.

Tatsächlich investieren intelligente Menschen beträchtliche Teile ihres Vermögens mit einer Sorglosigkeit, die sie beim Kauf ihres Kühlschrankes nicht an den Tag legen würden.

Ein anderer großer Investor (Baruch) stellt fest, dass man »zwar alles Wissenswerte über einige wenige Titel in Erfahrung bringen kann, doch kann man sich nicht das erforderliche Wissen über viele verschiedene Titel aneignen«. Bekanntermaßen war Baruch ein ähnlich erfolgreicher Investor wie Buffett mit einer vergleichbaren Strategie des konzentrierten Portfolios.

Die meisten von uns können weder Baruch noch Warren Buffett das Wasser reichen, deshalb ist eine solche Strategie nicht selbstverständlich. Wir bewegen uns aber durchaus innerhalb unserer Grenzen, wenn wir angemessen diversifizieren. Aber auch bei einem großen Portfolio, das heißt, bei Beträgen, die 1 Million Euro übersteigen, ist es nicht unbedingt sinnvoll, zu viele Einzeltitel anzuhäufen. Die Gefahr, dass die Informationstiefe verloren geht, ist zu groß.

Da wir nicht das Know-how eines Warren Buffett haben: Wie gehen Sie am besten vor?

Vor allem gilt eine Regel:

Entfernen Sie unverzüglich jede Aktie aus Ihrem Depot, unabhängig vom Einstandskurs, die Sie nicht sofort wieder kaufen würden, wenn Sie die nötige Liquidität hätten.

In der Schule wurde Ihnen beigebracht, dass all Ihre Lösungen richtig sein müssen. Im Leben und vor allem an der Börse gibt es für diese Einstellung zu viele Unwägbarkeiten. Sie müssen vielmehr *meistens richtig liegen*. Immer richtig zu entscheiden schaffen nicht einmal die Großmeister. Es ist für Sie völlig ausreichend, wenn es Ihnen gelingt, die Anzahl Ihrer Fehler und deren Auswirkungen möglichst gering zu halten.

Sinnvollerweise werden Sie eine vernünftige Aufteilung nach Anlagezonen und Branchen vornehmen:

Die Hauptmasse der Titel muss aus dem amerikanischen und Eurobereich kommen, ein kleiner Teil aus dem asiatischen Raum, ein noch kleinerer Teil aus dem Bereich der Emerging Markets und eventuell ein ebenfalls sehr kleiner Teil aus Osteuropa. Sowohl für Emerging Markets wie auch für Osteuropa werden Ihre Kenntnisse grundsätzlich nicht ausreichen. Sie müssen für diesen Bereich auf Fonds zurückgreifen, zum Beispiel den Templeton Emerging Markets Fund, erfolgreich gemanagt von Mark Möbius, entsprechende Fonds gibt es auch für Osteuropa. Ein Blick lohnt sich nach Afrika, weil von diesem Kontinent so gar nicht die Rede ist und große Rohstoffvorräte dort vorhanden sind. Insbesondere Chinesen und Inder sind dort engagiert, bei uns ist Afrika im Moment nicht »in«.

Wenn Sie extrem viel Interesse haben an Bereichen, in denen Sie nicht firm sind, lassen Sie die Finger von Einzeltiteln. Wenn es denn sein muss, können Sie über einen Basket nachdenken, der zum Beispiel Titel aus dem Pharmabereich, dem Biotechbereich, dem Konsumbereich o. Ä. beinhaltet.

Denken Sie aber daran, dass Sie für Einzeltitel wie Nestlé, Unilever, GE, Novartis und andere keinen Fondsmanager brauchen, der solche Titel kostenaufwendig für Sie verwaltet. Diese Blue Chips kaufen Sie selbst und sparen damit einen Haufen Aufschlags- und Verwaltungsgebühren. Der Templeton Growth Fund (TGF) ist ohne Zweifel ein solider Fonds, aber die Aufschlagsgebühren von rund 5 % und eine jährliche Verwaltungsgebühr von mehr als 1 % sind zu happig und zehren kräftig an der Rendite. Der TGF hat im Übrigen durch seine schiere Größe ein Handicap: Er kann sich im Prinzip nur auf große Titel einlassen – Large Caps – bei kleineren Titeln wären die Kursausschläge, die er durch seine Käufe bewirken würde zu stark.

Ähnliches gilt auch zum Beispiel für den Stuttgarter Aktienklub, den ich persönlich wegen seiner soliden Anlagephilosophie und wegen seiner ruhigen Hand sehr schätze. Aber eine monatliche Verwaltungsgebühr von 0,3 % summiert sich pro Jahr auf stolze 3,6 %. Um diesen Prozentsatz dürfen Sie schon mal schlechter sein, um nur einen Break-even zu erreichen! Ansonsten ist die Philosophie des SAC sehr in Ordnung. Dieser Börsenclub verfolgt eine ausgesprochen ruhige Buy-and-Hold-Strategie. In Jahren, in denen die Aktienmärkte »seitwärts« tendieren, werden jedoch durch die Kosten große Teile eines denkbaren Ertrages schlicht aufgefressen. Denken wir daran, dass in früheren Jahrzehnten Aktien vornehmlich wegen einer interessanten Dividende gekauft wurden und ein Kursanstieg in großem Stil nicht erwartet wurde.

Als Privatanleger können Sie anders agieren: Bei kurzfristiger Einschätzung, das heißt, auf Sicht von 6 bis 12 Monaten, sind die Profis besser als Sie. Da aber nicht mal Ben Bernanke selbst weiß, ob er nach einem halben Jahr die Zinsen anhebt oder senkt, ist nach diesem Zeithorizont alles offen, und wenn Sie über diesen Tellerrand hinausschauen, liegen Sie danach mit den Profis gleichauf.

Die Anlagephilosophie des SAC ist mir als Privatanleger deshalb sehr sympathisch, weil hier eine Politik entsprechend einem alten Frankfurter Börsengrundsatz gefahren wird:

»An der Börse wird das Geld mit Sitzfleisch verdient.«

Oder nach Kostolany:

»Es kommt an der Börse erstens immer anders und dann noch anders, als man denkt.«

Das bedeutet: Schlussfolgerungen oder Prognosen, die Sie völlig richtig getroffen haben, mögen eintreten, aber später und anders, als Sie denken. Aus diesem Grund sollten Sie ja auch die Finger von Optionsscheinen und dergleichen lassen. Das extreme Gegenteil einer »Strategie der ruhigen Hand« ist »Churning«: Skrupellose Berater kaufen und verkaufen wild drauflos, weil sie auf die Provisionen scharf sind, die diese Aktivitäten bringen. Auf diese Weise verkleinern sie sehr effektiv Ihr Vermögen.

Der Philosophie des SAC können Sie sich anschließen, vielleicht mit einer Ausnahme: Sie müssen nicht unbedingt zu jedem Zeitpunkt kaufen, wenn Sie Anlagebedarf haben. Nach einigen Jahren Börsenerfahrung werden Sie erkennen, wenn ein Markt heißgelaufen ist. Sie können die technische Verfassung des Marktes einschätzen. Ein zuverlässiges Zeichen für einen *überhitzten Markt* besteht darin, dass die Märkte auf gute Nachrichten hin nicht mehr steigen. Umgekehrt ist der *Markt ausverkauft*, wenn auf schlechte Nachrichten hin die Kurse nicht mehr nennenswert zurückgehen – wie oben bereits ausgeführt. Sie können ohne großes Risiko einsteigen, wenn alle die Hosen voll haben und verkauft haben. Nur die »Hartgesottenen« nach Kostolany sind dann noch im Markt und die verkaufen nicht, wenn Kurse zurückgehen. Die kaufen dann eher. Ansonsten hat der SAC recht, wenn er sagt, dass nur Qualität und nochmals Qualität zählt. Ich schließe mich dem voll an und ergänze: *Kaufen Sie Qualität* – und das am besten in der Baisse!

Große oder kleine Firmen kaufen?

Über große Unternehmen werden Sie meist reichlich informiert. Gleichzeitig stehen Sie in Konkurrenz zu vielen anderen Anlegern und zu den Profis, die sich ebenfalls ein Bild von diesen Titeln machen. Bereits früher haben wir darüber gesprochen, dass es sinnvoll sein kann, in kleine Titel zu investieren, wenn Sie bereit sind, Ihre Hausaufgaben zu machen. *Kleine Firmen befinden sich in der Regel unterhalb des »Radarschirms« der Analysten und werden von diesen weniger beachtet.* Die Chance, eine »unentdeckte« Perle zu finden, ist daher in diesem Segment größer. Allerdings ist auch das Risiko größer, dass kleine Firmen nicht gründlich genug analysiert werden und sich dort eher mal eine »kreative Buchhaltung« verstecken kann.

Großanleger wie Fondsverwalter können kaum Positionen von kleinen Firmen in ihr Depot aufnehmen, weil sie regelmäßig gezwungen sind, mit ihrer großen Liquiditätsflut umzugehen. Und wenn sie sich in großem Maßstab in eine kleine Firma einkaufen, würde deren Kurs unverhältnismäßig verändert.

Großanleger, Institutionelle und Fonds werden daher tendenziell große und liquide Titel bevorzugen müssen. Das wiederum ist Ihre Chance als Privatanleger: Wenn Sie ein gesundes Unternehmen in Ihrem Dunstkreis finden, an verlässliche Informationen rankommen und womöglich noch erfahren, dass das eigene Management einen großen Teil der Aktien hält, dann ist das wahrscheinlich eine sehr gute Gelegenheit, die Sie wahrnehmen sollten. Aber passen Sie auf, dass nicht gerade dieser Titel von Finanzblättern »hochgejubelt« und damit zu teuer wird.

Diese Gefahr müssen Sie bei den kleinen Firmen besonders beachten: Wenn der Markt für einen solchen »Small Cap« eng ist und viel darüber geschrieben wird, dann ist der Kurs regelmäßig schon zu hoch.

In der Szene kennt man die Gauner, die sich mit solchen Small Caps eindecken, anschließend ausführliche Berichte und positive Kommentare lancieren, worauf der Kurs wie eine Rakete nach oben schießt. Die Initiatoren verkaufen und dann fällt der Kurs wieder wie ein Stein zu Boden. Diese Gefahr ist bei den Large Caps weniger gegeben, außer wenn eine Branche mal so richtig in Mode kommt.

Bei kleinen Titeln kann persönliche Recherche viel bringen und die Konkurrenz der Profis ist meist außen vor.

Kleine Titel passen also sehr gut als Ergänzung zu den großen Titeln, die später angesprochen werden. Aus diesem Grund gibt es auch ausgesprochene Nebenwertefonds, über die Sie nachdenken sollten. Zwangsläufig ist damit eine größere Volatilität verbunden, die Sie mit einer langen Haltedauer ausgleichen können.

Eine kleinere Firma wie Fielmann oder Rational Großküchentechnik in Landsberg wird vielleicht einfacher und mit höherer Wahrscheinlichkeit den Umsatz vergrößern im Vergleich zu einem »Dickschiff« wie Nestlé oder GE. Dafür ist die Volatilität, sprich Schwankungsbreite, solcher Titel normalerweise eher größer: Sowohl Brillen und Hörgeräte wie auch Großküchengeräte werden sich bei guter Konjunktur wahrscheinlich besser entwickeln als Nahrungsmittel. Beide eben genannten Firmen verdienen einen »näheren Blick«: Fielmann, weil er den Brillenmarkt beherrscht – mittlerweile wird mehr als jede zweite Brille von Fielmann verkauft und der Hörgerätemarkt soll zusätzlich erschlossen werden. Rational hat eine vergleichsweise einzigartige Stellung, weil die Marge bei dieser Firma groß ist und das Unternehmen auf diesem speziellen Sektor der Garküchen Weltmarktführer ist.

Moderne Portfoliotheorie

Dieser schöne Begriff beschreibt etwas hochtrabend die alte Weisheit:

»Läuft Milch nicht, läuft Käse.«
Oder:
»Leg nicht alle Eier in einen Korb.«

Sie empfiehlt nichts anderes als eine vernünftige Diversifizierung. Das bedeutet: Wenn Sie ein Depot aus 20 Titeln aufbauen wollen, dann nehmen Sie nicht nur zum Beispiel Öltitel. Auf eine solche Idee kämen Sie wahrscheinlich auch gar nicht. Wesentlich bei der MPT ist die Betrachtung der Gesamtperformance eines Depots.

Sie können vernünftigerweise zum Beispiel davon ausgehen, dass Konsumtitel fallen, wenn wieder mal ein Technofieber ausgebrochen ist. Wenn alle Welt sich auf Cisco stürzt, weil da ultimative Neuerungen berichtet werden, könnten nennenswerte Beträge von defensiven Konsumtiteln wie Nestlé, Philip Morris, Unilever etc. abgezogen werden. Wenn andererseits Amerika wieder schlechtgeredet wird, können europäische Aktien stattdessen in Mode kommen.

Mit anderen Worten: Die Kursentwicklung von Unternehmen ist oft nicht gleichmäßig, manchmal sogar gegenläufig zum operativen Ergebnis. Verschiedene Titel aus unterschiedlichen Branchen zu halten ist ein vernünftiger Grundsatz zur Depotabsicherung, in der Fachsprache heißt das etwas hochtrabend »negative Kovarianz«.

Solche Titel werden das Gesamtrisiko eines Depots minimieren. Das heißt: Auch wenn Ihr Depot vorwiegend aus Konsumtiteln besteht, werden Sie ein geringeres Risiko aushalten müssen, wenn Sie einen spannenden Technotitel dazutun, eben wegen dieser negativen Kovarianz beziehungsweise wegen der negativen Korrelation.

Nobelpreisträger müssen auch nicht immer richtigliegen, wie Sie im Nachhinein am LTCM (Long-Term-Capital-Management) Fund sehen können, der von solchen »eggheads« beraten wurde und im Jahr 1997 pleiteging und – wieder mal – das Weltfinanzsystem an seine Grenzen brachte. Harry M. Markowitz, ebenfalls Nobelpreisträger, hat sich um die MPT verdient gemacht und insbesondere nachgewiesen, dass durch die optimale Streuung von Risiken (Diversifikation) höhere Renditen bei geringerem Risiko erreicht werden können.

Jeder Anleger will ja mit seinem Depot eine möglichst hohe Rendite bei dem geringstmöglichen Risiko. Entscheidend dabei ist die Betrachtung des Gesamtdepots. Schwankungen einzelner Titel werden in Kauf genommen. Es ist eine Binsenwahrheit, dass eine höhere Rendite grundsätzlich mit einem höheren Risiko »erkauft« werden muss: Eine Anleihe mit geringem Risiko lässt keine große Rendite erwarten, mit Aktien können Sie im Allgemeinen eine höhere Rendite erzielen, bezahlen aber die höhere Rendite mit der größeren Schwankungsbreite – Volatilität.

Markowitz hat sich viele Gedanken gemacht und versucht, ein Depot so zu optimieren, dass bei geringstem Risiko ein größtmöglicher Ertrag erzielt wird. So kann ein Depot, das Titel aus unterschiedlichen Branchen enthält, sogar geringere Schwankungen aufweisen als ein Depot mit Papieren aus Branchen, die normalerweise ausgesprochen risikoarm sind, wie Konsum und Pharma.

Wenn Sie aber zum Beispiel Konsum (Nestlé, Kraft, Unilever, McDonald's), Versorger (RWE, EON, Eni, Iberdrola ...) kombinieren mit Telekommunikation (Deutsche Telekom, Telefonica, Nokia ...), Rohstoffen (Exxon, Royal Dutch, BHP-Billiton, Anglo American ...) und/oder Technologie (EMC, Cisco ...), dann werden Sie beobachten, dass die Gesamtrendite Ihres Depots wahrscheinlich besser und die Schwankungsbreite (Volatilität) geringer als ohne eine solche Ausrichtung ist.

Ihr Depot kann auf diese Weise effizienter werden, was bedeutet, dass bei einem gegebenen Risiko Ihre Performance steigt beziehungsweise dass Sie bei gleicher Performance ein geringeres Risiko tragen müssen.

Bei optimaler Mischung wird Ihr Depot bei einem gegebenen Risiko eine höhere Performance aufweisen.

Zu dieser Diversifikation gehören nach Möglichkeit auch sehr gut ausgesuchte Titel mit geringerer Kapitalisierung. Wenn die Anleger im Rahmen eines Börsenabschwunges wieder mal die Nase voll haben und ihren entgangenen Gewinnen nachtrauern, werden auch die Mittelzuflüsse in die großen Fonds geringer werden. Großinvestoren investieren weniger oder ziehen sogar Mittel ab. Mit hoher Wahrscheinlichkeit werden die großen Firmen – Large Caps – etwas mehr leiden, weil sich diese Titel besser verkaufen lassen.

Nicht nur dann, sondern schon früher lohnt ein Blick auf die »zweite Reihe«. Gemeint sind Unternehmen, die über möglichst viele Jahre zuverlässiges Gewinnwachstum bieten, ihre Dividenden pünktlich bezahlen und ihren Umsatz regelmäßig steigern. So hat zum Beispiel die Firma Celesio, Arzneimittelhändler aus dem MDax, lange Zeit vorzügliche Zahlen geliefert und hatte erst jüngst Schwierigkeiten bei der Erschließung neuer Geschäftsfelder.

Oder schauen Sie sich an, wie zum Beispiel die Firma Ahlers aus dem Textilbereich ihren operativen Gewinn in den letzten Jahren regelmäßig um 10 bis 20 % gesteigert hat, und das in einer Branche – Textil –, die als langweilig gilt. Wer in den letzten Jahren im deutschsprachigen Raum im Textilbereich gute Zahlen liefern konnte, dem darf man einiges an Managementqualitäten zutrauen. Im Sommer 2006 kaufte Ahlers, zu dem

Marken gehören wie Pierre Cardin und Otto Kern, ein früheres Segment von Boss/Baldessarini. Die Firma Ahlers zahlt traditionell hohe Dividenden in der Größenordnung von 6 %. Wenn da nicht unangenehme und derzeit nicht erkennbare Überraschungen auftauchen, dann kann dieser Titel als Beispiel für erfolgreiche kleinere Firmen verstanden werden. Die Firma Ahlers wurde auch schon als »Dividendenperle« des SDax bezeichnet.

Ebenfalls kleine Firmen aus dem deutschsprachigen Raum, die anzuschauen sich lohnt, sind zum Beispiel Hawesko, Weingroßhandel, oder LEONI, Autozubehör und andere. Solche Firmen zahlen als angenehme Beigabe oft eine Dividende, die sich mit dem Anleihenzins messen kann und oft größer ist als dieser. Schwieriger wird bei kleineren Firmen die Informationsbeschaffung, deshalb müssen Sie besonders sorgfältig vorgehen. Ihr persönlicher Aufwand ist größer als bei den Blue Chips.

Ein gut diversifiziertes Depot, bestehend aus 10 Titeln, könnte zum Beispiel so aussehen:

General Electric – USA – Mischkonzern

Philip Morris – USA – Konsum (Nahrungsmittel, Tabak)

Procter + Gamble – USA – Konsum

Nestlé – Schweiz – Konsum

HSBC – Großbritannien – Bank

ING – Niederlande – Finanzdienstleister

Bayer – Deutschland – Pharma

Novartis – Schweiz – Pharma

Canon – Japan – Technoprodukte

Templeton Emerging Markets Fund

Wenn Sie es um weitere 5 Titel ergänzen wollten, könnte ich mir gut vorstellen:

DWS Japan-Fonds

Royal Dutch – Niederlande – Öl

EON – Deutschland – Versorger

McDonald's – USA – Konsum

Telefonica – Spanien – Telekommunikation

Anlagestrategie

»Zwischen Entweder und Oder führt noch manches Sträßlein.«
Josef Victor von Scheffel

Wenn Sie auf John Bogle hören, den legendären Gründer der Vanguard-Funds, dann sollten Sie vorwiegend in ETFs investieren. Dagegen rät Ken Fisher zu einem breit gefächerten Korb von Einzelaktien. Obige Weisheit sollten Sie als Hinweis verstehen, dass Zwischenstufen allemal möglich sind.

Unterm Strich ist es vielleicht tatsächlich sinnvoll, ab einem bestimmten Anlagevermögen Einzelaktien den Vorzug zu geben. Sie können diese bei einem Onlinebroker günstig einkaufen, für Positionen ab 1000 Euro bezahlen Sie mal eben um die 10 Euro, in der Regel ist die Verwahrung kostenlos, während die Hausbanken auch dafür satte Gebühren einstreichen. Es ist nicht nachvollziehbar, dass Sie für ein größeres Depot Beträge zwischen 500 und 1000 Euro jährlich an Gebühren bezahlen sollen, für die Sie außer der Aufbewahrung keine weitere Gegenleistung erwarten dürfen.

Ab einer Depotgröße von 300 000 Euro könnten also Einzelaktien vorrangig sein. Wie viele verschiedene das sein sollen, hängt von Ihrer persönlichen Anlagestrategie ab: Die Anzahl Ihrer Titel kann umso kleiner sein, je besser Sie informiert sind. Begnadete Investoren wie Warren Buffett halten die Anzahl ihrer Titel begrenzt nach dem Motto: »Es ist einfacher, eine einzige Frau gut kennenzulernen als einen ganzen Harem.«

Wenn Sie sich nicht ganz so sicher sind, spricht wenig dagegen, die Anzahl Ihrer Titel zu steigern. So kann sich Ken Fisher, einer der erfolgreichsten Vermögensverwalter der Welt, durchaus ein Depot mit 60 verschiedenen Titeln vorstellen – bei guter Länder- und Branchenmischung.

Manche Themen oder Länder können Sie nur schwer mit Einzelaktien abdecken: Sie werden nicht ohne Weiteres entsprechende Titel in Afrika oder Fernost finden. Hier schlägt die Stunde der Indexfonds: Sie können zum Beispiel in Afrika investieren mit einem Pan-Africa-Fonds (ISIN FR0010636464). Dafür bezahlen Sie Gebühren in der Größenordnung von etwa 0,2 bis 0,8 % des Anlagevermögens. Das ist nicht wenig! Wenn die Märkte seitwärts oder abwärts tendieren und mal gerade eine Ausschüttung von 3 % erzielt wird, dann haben Sie einen ziemlichen Performanceverlust, wenn Sie von 3 % satte 0,5 % abtreten sollen.

Ähnliches gilt für Indien: Indien gehört zu den Ländern, die in 2008/09 kaum in die Rezession schlitterten, weil die Exportabhängigkeit geringer ist. Das anhaltend hohe Wachstum der letzten Jahre wurde wesentlich durch die Binnennachfrage getragen. Diese wird allem Anschein nach in den nächsten Jahren nicht geringer werden, ebenso werden die Einkommen der breiten Bevölkerung tendenziell zunehmen. Ein weiterer Pluspunkt ist die demografische Entwicklung: Die Zahl der arbeitsfähigen und arbeitswilligen Inder wird in den nächsten Jahren zunehmen, bei uns in der BRD wird dagegen die Zahl der Rentner stark zunehmen. »Toxische Papiere« halten Indiens Banken nicht, damit sind beste Wachstumsvoraussetzungen für die indische Wirtschaft gegeben, die an die von China heranreichen oder diese sogar übertreffen könnten.

Die »indische Karte« können Sie entweder über die multinationalen Konzerne spielen. Eine echte Alternative scheinen mir ETFs wie zum Beispiel:

Lyxor ETF MSCI India, ISIN FR0010361683

db x-trackers S&P CNX NIFTY

In China besteht fast die gleiche Situation: Von der Wirtschaftskrise so gut wie nicht betroffen, trug das »Reich der Mitte« für den Westen dazu bei, die Krise besser zu überstehen. Ein Wachstum von rund 8 % des Bruttoinlandsproduktes (BIP) gilt schon als nicht aufregend, während bei uns Minuswachstum vorkommt und bereits Größenordnungen von um die 2 % bejubelt werden. Auch in China steigt die Binnennachfrage, China verfügt über große Währungsreserven und weist eine sehr geringe Verschuldung auf. In großem Stil kauft China Dollars auf, um diesen hoch zu halten und die eigene Währung niedrig – ein unschätzbarer Vorteil für den eigenen Export. Überspitzt ausgedrückt findet hier ein »Krieg der Währungen« statt.

Auch hier würde ich persönlich nicht mit Einzeltiteln einsteigen – außer über wie oben angeführt multinationale Konzerne wie McDonald's, HSBC oder alternativ auch über ETFs wie:

Lyxor China Enterprise, FR0010204081

db x-trackers FTSE/Xinhua China

ISHARES DJ China Offshore 50 mit der ISIN DE000AOF5UE8

Bei beiden Länderfonds liegen die Managementgebühren bei rund 0,6 %, was in solcher Situation vertretbar scheint.

Das ist immer noch kostengünstiger als bei einem aktiv gemanagten Fonds, bei dem die Gebühren deutlich höher sind und die bei einer Seitwärtsbewegung des Marktes die gesamte Performance auffressen. Geradezu dreist ist es aber, wenn einige Fonds dazu übergehen, noch obendrein eine »Performance Fee« einzufordern, wenn eine vorher festgelegte Benchmark übertroffen wird, diese Fonds sich aber andererseits nicht an etwaigen Verlusten beteiligen wollen.

Kennziffern

Es gibt eine ganze Reihe von Kennziffern, die Aussagen über den wahren Wert oder fairen Wert eines Investments machen sollen. Allein an der Tatsache, dass es viele solcher Ziffern gibt, erkennen Sie, dass die *Aussagekraft solcher Ziffern begrenzt ist*. Die »altmodischste« Kenziffer ist das KGV oder Kurs-Gewinn-Verhältnis. Sie können sie regelmäßig und einigermaßen zuverlässig korrekt in den gängigen Börsenjournalen nachlesen. Und die Tatsache, dass sie seit Langem existiert und regelmäßig verwendet wird, spricht für eine passable Aussagekraft.

Da Ihre Zeitressourcen begrenzt sind, will ich auf andere Kennzahlen wie Cash Flow-Rate, KBV, KUV und andere gar nicht näher eingehen, allerdings mit zwei Ausnahmen: Bereits früher haben wir festgestellt, dass ein möglichst konstantes gleichmäßiges Gewinnwachstum einer Firma von großer Bedeutung ist. Im Idealfall folgt der Kurs einer Aktie in geradezu langweiliger Weise (»Witwen- und Waisenpapier«) einem ebensolchen gleichmäßigen Verlauf des Gewinnwachstums, siehe zum Beispiel den Kursverlauf der Nestlé-Aktie während der letzten 10 Jahre. Papiere wie die von Nestlé, GE, EON, Celesio und ähnliche sind das völlige Gegenteil von »Zockerpapieren«.

Entgegen landläufigen Annahmen werden Sie mit solchen Papieren nicht »über Nacht reich«, wie das von dogmatisch verhärteten Zeitgenossen gern unterstellt wird, sondern Sie haben damit ein *solides Investment mit vertretbarem Risiko* getätigt und einen volkswirtschaftlichen Beitrag geleistet.

Das Gewinnwachstum wird durch eine weitere interessante Kennziffer beschrieben, das PEG (Price-Earning to Growth-Ratio, Kurs-Gewinn-Wachstums-Verhältnis): Diese Kennziffer setzt das KGV und den Gewinnzuwachs in Relation. Bei einem Gewinnzuwachs von 20 % pro Jahr und einem KGV von 20 ist der Quotient gleich 1. Falls möglich und erfahrbar, sollten Sie diese Kennziffer mit ins Kalkül ziehen.

Kennziffern dürfen Sie generell nur als *sehr grobe Richtschnur* betrachten: Beim KGV muss Ihnen klar sein, dass im Grunde die KGVs allenfalls innerhalb einer Branche eine – begrenzte – Aussagekraft haben. So werden Pharmafirmen üblicherweise mit KGVs bewertet, die im Jahr 2009 zwischen 15 und 20 liegen.

Bei deutlich höheren KGVs ist der Titel entweder einfach nur teuer oder es spiegelt sich in dem höheren Preis die Erwartung wider, dass die Firma überdurchschnittlich performen wird.

Wenn Sie eine Aktie mit einem Kurs-Gewinn-Verhältnis von sechs sehen, können Sie an ein Schnäppchen denken. Große Vorsicht ist jedoch in einer solchen Situation angebracht. Zu häufig haben sich die Vorhersagen von Vorständen, Analysten und auch Finanzjournalisten als übermütig entpuppt. Bei einer Kennzahl wie dem KGV, deren Aussagekraft *allein vom Gehalt der Gewinnschätzung abhängig* ist, kann es rasch zu teuren Fehltritten kommen. Erfahrene Anleger bedienen sich für die Aktienauswahl daher weiterer Kriterien wie der Eigenkapitalquote oder des Kurs-Buchwert-Verhältnisses. Wenn Sie möglichst viele Parameter beachten und eventuell noch charttechnische Kriterien wie die 200-Tage-Linie im Auge haben (trotz der ketzerischen Bemerkungen über Chartisten), können Sie eine noch fundiertere Entscheidung für oder auch gegen ein Investment treffen.

So hatte die derzeit größte Pharmafirma der Welt (Pfizer) im Jahr 2001 ein deutlich höheres KGV zwischen 25 und 30. Der Firma wurde zugebilligt, dass sie durch ihre intensive Forschungstätigkeit und ihre gut gefüllte Produktpipeline zukünftig besser performt als der Gesamtmarkt. Dieser Fall trat jedoch nicht ein, sondern, wie so oft an der Börse, das Gegenteil: Die Produktpipeline wurde später als nicht ausreichend betrachtet, die Pharmabranche wurde als überbewertet verstanden – mit dem Effekt, dass das KGV von Pfizer im Jahr 2006 bei zirka 12(!) lag und im Jahr 2009 weiter abrutschte auf etwa 8. Bei dieser Entwicklung liegt allerdings die Vermutung nahe, dass das Pendel recht bald in die andere Richtung schwenken könnte, insbesondere wenn man die aktuellen Anstrengungen der Firma betrachtet bei der Entwicklung von neuen Produkten, beim Marketing, bei Kostensenkungsprogrammen etc. Es wäre daher nicht erstaunlich, wenn es in nächster Zeit bei diesem Unternehmen wesentlich höhere Kurse gäbe, insbesondere weil seit 2001 das Gewinnwachstum von Pfizer erheblich war und der Kurs »nachzuhängen« scheint. Der Kurs und das KGV von Pfizer ist ja deshalb im Keller, weil der Blockbuster des Unternehmens, das Lipitor, im Jahr 2011 seinen Patentschutz verliert und dann sogleich Nachahmerpräparate auf den Markt drängen werden. Dennoch ist es interessant, zu beobachten, mit welcher Verbissenheit Pfizer alle Anstrengungen unternimmt, diesen Effekt zu kompensieren.

In Branchen, die große Apparate und/oder Maschinenparks vorhalten müssen, wie zum Beispiel im Automobilsektor, müssen Sie dagegen ein KGV von 12 schon als hoch – eventuell zu hoch – ansehen. Die Margen sind gering, die Konkurrenz ist groß, zyklische Einflüsse wirken sich aus, die Zukunftsperspektiven in diesem Sektor sind schwieriger einzuschätzen. Solche Einflüsse schlagen sich im Preis der Aktie und in deren KGV nieder.

Hohe KGVs sind nicht immer ein »Killerargument« für eine Aktie. So war das KGV für Titel wie Microsoft oder auch Starbucks immer jenseits von günstig, trotzdem sind diese Firmen offensichtlich ausgezeichnet geführt, die Gewinne und Gewinnzuwächse so ausgeprägt, dass zumindest in den Anfangsjahren jeder Preis gerechtfertigt war. Hohe KGVs, wenn sie nicht gerade utopisch sind oder im dreistelligen Bereich, müssen nicht unbedingt abschrecken, wenn die weiteren Aussichten der Firma kräftiges Gewinnwachstum versprechen. Gleichzeitig ist aber sehr darauf zu achten, dass die jeweiligen Titel nicht von einer euphorischen Marktstimmung nach oben getragen werden, die eines Tages dann auch wieder kippen kann.

Das Problem besteht darin, ein solches Unternehmen so rechtzeitig zu identifizieren, dass Sie davon profitieren können. Außerdem müssen Sie den Umstand berücksichtigen, dass von vielen Firmen, die ähnliche Geschäftsideen wie Microsoft haben, die meisten letztlich doch auf der Strecke bleiben. Das bedeutet ehrlicherweise, dass Ihre Karten verdammt schlecht sind, eine Firma wie Microsoft in ihren Anfängen zu entdecken. Das Risiko, in eine kleine Firma zu investieren, die ihren Aufschwung noch vor sich hat, ist für Sie regelmäßig zu hoch. Lassen Sie die Finger davon – es sei denn, Sie sind in der Lage, exakt zu recherchieren, was Ihre Zeit wahrscheinlich nicht zulässt.

Also sollten Sie sich bevorzugt an die reiferen Firmen halten, die deutlich besser kalkulierbar sind.

Als Aussage für die allgemeine Stimmung am Aktienmarkt ist hin und wieder die sogenannte Put-Call-Ratio ganz nützlich. Sie gilt als einer der besten Indikatoren für Pessimismus oder Optimismus am Markt. Wenn die Mehrheit der Anleger der Meinung ist, dass der Markt überbewertet ist, werden die Put-Optionen überwiegen, der entsprechende Put-Call-Quotient dann über 1 liegen, bei guter Stimmung wird der Quotient eher unter 1 liegen.

Aufmerksamkeit ist immer dann geboten, wenn alle oder viele Optimisten im Markt engagiert sind. Wenn alle optimistisch sind, haben die meisten ja bereits gekauft, damit ist nicht ersichtlich, woher weitere Käufer kommen können. Wenn weitere Käufer ausbleiben, werden früher oder später die Kurse »abschmieren«. Daher ist es besser, bei allgemeinem Pessimismus und trüber Stimmung zu kaufen, auch wenn es gegen die eigene Natur geht. Selbst kleine Stimmungsaufheller können dann Anlass für viele sein, zu kaufen.

Wertpapierkredite

Früher oder später werden Sie auf »Berater« treffen, die Ihnen Wertpapierkredite ans Herz legen. Aktien können schließlich nach deren Worten nur steigen und mit den Kurszuwächsen sind die Kredite schnell getilgt. Wie bei einem Schneeballsystem trifft das auch für die Frühaufsteher zu. Und am Beginn einer Hausse kann dieses Rezept gelegentlich Erfolg haben – allerdings zu dem Preis, dass Sie ständig zittern werden, dass die Börse in die richtige Richtung läuft.

Im Jahr 1929, 1987 und 2001, um nur einige Zeitpunkte zu nennen, war genau das nicht der Fall. Der Börsenzug fuhr exakt in die entgegengesetzte Richtung. Und diejenigen, die solche Ratschläge befolgt und Wertpapierkredite aufgenommen hatten, mussten anschließend ihre Wunden lecken oder waren mit noch Schlimmerem konfrontiert.

Wertpapierkredite sind die ganz »heiße Nummer«, die nicht zum guten Nachtschlaf beiträgt. Selbst ein kleiner Kursrückgang würde Ihr Kapital gefährden und Ihre Urteilskraft erheblich einschränken, Sie würden von jetzt auf gleich zum »Zittrigen« werden.

Natürlich kann das auch mal gut gehen und die Banken werden auch nicht unbedingt abraten, schließlich verdienen sie an den Kreditzinsen ordentlich; sie fordern Sicherheiten und die Zinsen können wegen des vermehrten Risikos auch höher angesetzt werden.

Eine Auswahl empfehlenswerter Firmen und Branchen

»Die Börse ist der härteste und auch der schnellste Richter über die Qualität eines Unternehmens.«
Uwe Distel

Wir wollen nicht vergessen, dass wir Firmen unser Geld anvertrauen in der Hoffnung, dass das Unternehmen ein gutes Konzept hat, ein erfolgreiches Geschäftsmodell und in der Lage ist, aus dem ihr anvertrauten Kapital das Beste zu machen. In sehr vielen Fällen ist genau das nicht der Fall. Wenn Sie zu einem schlechten Zeitpunkt viel Geld in eine Firma wie die TUI gesteckt hätten, hätten Sie dabei viel verloren. Wenn Sie in Automobiltitel wie Daimler investiert hätten, dann hätten Sie außer Mitleid in den letzten Jahren kaum etwas verdient – es sei denn, Sie hätten mit riskanten Strategien gearbeitet. Die Kunst besteht darin, solche Firmen auszusuchen, die mit einer gewissen Wahrscheinlichkeit in der Lage sind, ihr operatives Wachstum zu steigern, und deren Märkte nicht ausgereizt sind.

Beispiele von Firmen, die nach meiner Meinung dafür infrage kommen könnten, habe ich im Folgenden ausgesucht. Jede dieser Firmen ist von guter Qualität und ich würde in diese investieren beziehungsweise bin in diesen investiert. Der einzige Fehler, den Sie hier machen können, besteht darin, dass Sie zu teuer kaufen. Bei entsprechendem Zeithorizont wird die Zeit diesen Fehler einigermaßen ausbügeln. Es immer noch besser, wenn Sie eine sehr solide Firma zu teuer kaufen, als wenn Sie in einer windigen Firma am Neuen Markt Ihr Geld völlig verlieren.

Nestlé

Der langjährige Chart geht sehr gleichmäßig von links unten nach rechts oben, der Gewinn pro Aktie steigt regelmäßig, das KGV ist selten überzogen. Die Dividende wird regelmäßig erhöht und liegt meist zwischen 2 und 2,5 %. Fast immer kaufenswert, idealerweise, wenn eine andere Branche gerade »en vogue« ist.

Die Firma Nestlé ist eine attraktive Mutter mit einer schönen Tochter: Nestlé/Alcon – oder was haben Augentropfen gegen Glaukom und Mineralwasser gemeinsam?

Sie haben auf jeden Fall die gleiche Mutter. Die Firma Alcon ist eine Tochter des multinationalen Nestlékonzerns, eine Tochter, die der Mutter im Übrigen viel Freude macht. Im Gegensatz zur allgemeinen Tendenz in der Pharmabranche, die als in der Krise befindlich empfunden wird, ist Alcon ein zuverlässiger Goldesel. Alcon hat eine ordentliche Gewinnmarge und steigert regelmäßig Umsatz und Gewinn. Alcon ist der Weltmarktführer bei der Erforschung, Entwicklung, Herstellung und Vermarktung von ophthalmologischen Produkten, Instrumenten für Augenoperationen und dazugehörigen Produkten, Intraokularlinsen, refraktiven Lasereingriffen, rezeptpflichtigen Medikamenten sowie von Pflegeprodukten für Kontaktlinsen.

Nestlés US-Tochter Alcon will den Lasertechnikspezialisten WaveLight schlucken. Der würde sich bei dem Konzern für Augenmedizintechnik wohlfühlen, meint WaveLight-CEO Max Reind.

Robert D. Alexander und William C. Conner verbanden seinerzeit die Anfangsbuchstaben ihrer Nachnamen und tauften ihr junges Unternehmen Alcon Prescription Laboratory. Alcons Führungsposition im ophthalmologischen Markt war bereits gefestigt, als Nestlé als internationaler Konzern, mit Hauptsitz in der Schweiz, 1977 die Möglichkeit von Firmenakquisitionen in den Vereinigten Staaten untersuchte und derzeit eine dauerhafte Mehrheitsbeteiligung an Alcon hält.

Auf der Mutterfirma kann der Blick mit Wohlgefallen ruhen: Seit Jahrzehnten kann der Titel als »Witwen- und Waisenpapier« angesehen werden, bei dem man nichts falsch machen kann – außer vielleicht, diesen Titel nicht im Depot zu haben.

Seit Jahrzehnten ist der weltweit operierende Konzern erfolgreich auf vielen Gebieten: Diese reichen von Functional Food bis zur Babynahrung bis zu größeren Investments im Wasserbereich. Es verstärkt sich ja die Auffassung, dass Wasser global gesehen eines Tages eine größere Rolle spielen wird als Öl. Nestlé spielt in diesem Sektor eine größere Rolle. Zudem ist Nestlé mit einem Anteil von rund 30 % an der Kosmetikfirma L'Oréal beteiligt, sodass Aktionäre auch an diesem aussichtsreichen Sektor partizipieren. Die jährlichen Zuwachsraten sind zuverlässig und erheblich. Die letzte Dividende liegt bei 11 SF, sie wurde in den letzten Jahren regelmäßig erhöht und wurde auch im Krisenjahr 2008 nicht nur nicht gesenkt, sondern erhöht. Die Nestlé-Aktie hat ein KGV von derzeit rund 15 (in 07/2010), ist für diesen Blue Chip nicht teuer und zum Beispiel genauso wie bei vergleichbaren Nahrungsmittelkonzernen wie Unilever mit einem KGV von ebenfalls rund 14 oder Danone mit einem KGV von 14. Die Nestlé-Aktie ist so beschaffen, dass man sie – um mit Kostolany zu sprechen – »kaufen und liegen lassen« kann. Selbst im Börsencrash von 2003 hielt sie sich vergleichsweise stabil. Bei einer Marktkapitalisierung von zuletzt 35 Milliarden Euro und breiter Aufstellung ist es nicht sinnvoll, einen Fond zu bemühen, der solche Titel hält. Nestlé gilt als einer der am besten geführten Nahrungsmittelkonzerne der Welt, der seine Ertragskraft laufend verbessert hat.

Sucht man eine möglichst breite Aufstellung und will Risiko minimieren, dann ist es als Anleger wahrscheinlich klüger, nicht die Tochter Alcon, sondern den Mutterkonzern Nestlé zu kaufen, auch schon deswegen, weil Alcon an der New Yorker Börse gehandelt wird, Nestlé sich dagegen im Stoxx 50 befindet.

Die Tochter Alcon erscheint so attraktiv, dass der Pharmakonzern Novartis eine Auge auf diese geworfen hat und sie nunmehr in zwei Schritten kaufen will.

Wenn auch Warren Buffett bei Nestlé mit etwas mehr als 3 Millionen Aktien (!) eingestiegen ist, dann sollte da etwas dran sein.

Philip Morris, jetzt in den USA Altria

Bei kaum einem anderen Titel steigt der Gewinn pro Aktie so konstant, das KGV ist selbst in guten Zeiten tief, wenn gerade kein Prozess von militanten Nichtrauchern angestrengt wird. Die Aktie ist immer dann noch günstiger, wenn die Firma erstinstanzlich zum Schadensersatz verurteilt wird. Die idiotischen erstinstanzlichen Urteile von Laiengerichten werden regelmäßig kassiert. Idealer Einstiegszeitpunkt: am Tag nach der Urteilsverkündung. Sie sollten diesen Hardlinern dankbar sein für günstige Kurse! In den USA können Sie immer noch glaubhaft versichern, dass gerade Sie von der Schädlichkeit des Rauchens angeblich nichts gewusst haben – mit der Chance, dass Sie eine hohe Schadensersatzsumme zugesprochen bekommen. Die Urteile werden dann allerdings wie oben angeführt, regelmäßig kassiert.

In den USA zeigt die Anti-Raucher-Stimmung paranoide Züge: Während am Strand von Florida mittlerweile auch im Freien das Rauchen verboten wird, fahren Amerikaner mit den größten Spritfressern dieser Welt durch ihre Städte und stoßen dabei Unmengen von Abgasen aus.

Vor diesem Hintergrund hat Altria den geschickten Schritt getan und im Jahr 2008 eine Trennung von Altria und Philip Morris vorgenommen. Philip Morris ist nur außerhalb der USA aktiv, Altria nur innerhalb der USA. Philip Morris hat einen Weltmarkanteil von guten 15 %, sodass Wachstumspotenzial gegeben scheint – erst in 2008 wurden die Südafrikatochter Swedish Match und der kolumbianische Zigarettenhersteller Protobaco übernommen.

PhiMo hat bislang sehr regelmäßig die Dividende erhöht – allen Raucherpogromen zum Trotz – und bezahlte gegen Ende 2009 mehr als 4 %.

Altria

Altria ist der Rest von Philip Morris, der die USA mit Glimmstängeln versorgt. Altria sieht sich - wie oben beschrieben - schärfstem Gegenwind in den USA ausgesetzt. In den USA liegt der Marktanteil von Altria bei über 50 %, dank seiner Marktmacht kann Altria Zigarettenpreise wesentlich mitbestimmen. Gerade wegen der rigiden Nichtraucherschutzgesetze wird - wie manchmal im Leben auch - aus einem Nachteil ein Vorteil: Konkurrenten können kaum in diesen Markt eintreten, weil so gut wie keine Werbemöglichkeiten mehr gegeben sind. Bemerkenswert, dass Altria - paradoxerweise oder doch nicht - en wahrer Goldesel ist mit einer Dividendenrendite von mehr als 7 %, im Jahr 2008 wurde ein Gewinn von mehr als 3 Milliarden Dollar eingefahren. Die Ausschüttungsquote an die Aktionäre ist hoch.

Neue Produkte winken am Horizont: Wird nicht mehr oder weniger geraucht, dann wird eben stattdessen gekaut: Kautabak und Schnupftabak sollen die geringeren Raucherzahlen kompensieren. Mit 28 % ist Altria an SAB-Miller beteiligt, eine der weltgrößten Brauereien - wer nicht raucht, trinkt vielleicht.

Das größte Problem bei diesen vorgenannten Aktien ist vielleicht Ihr eigenes Gewissen, wenn Sie an solchen Lastern kein Geld verdienen wollen. Das ist nur zu gut verständlich, allerdings ist die geradezu paranoide Einstellung und das militante Nichtraucherturn in diesem Sektor derart unangenehm, dass diese Bedenken eventuell auch relativiert werden können.

Ahold

Der niederländische Einzelhändler mit zuverlässigem Gewinnwachstum - meist günstiges KGV! -, sehr expansionsfreudig, kam im Jahr 2002 ins Gerede, als die Bilanzierungsmethoden der Firma angezweifelt wurden. Später stellte sich heraus, dass die Anschuldigungen berechtigt waren, der Kurs fiel ins Bodenlose und ist jetzt immer noch massiv abgesackt. Ausgeprägte Bilanzkosmetik hätte man bei einer solchen Firma nicht vermutet und auch die Analystenzunft hat das Ausmaß der Schönrechnerei nicht erkannt. Aus diesem Grund müssen Sie diversifizieren, weil Sie vor solchen Dingen niemals gefeit sind. Ein wichtiges Beispiel dafür, dass auch Größe nicht vor Bilanztricksereien schützt. Inzwischen scheint Ahold wieder auf einem soliden Pfad angekommen, der operative Gewinn steigt, das KGV liegt bei günstigen 11 (in 07/2010).

Royal Dutch

Niederländischer Öltitel, der von den Ölfirmen mit die höchste Profitabilität aufweist, außerdem stark im Bereich der alternativen Energien engagiert ist. Dann kaufen, wenn die Ölpreise am Boden liegen und die OPEC ihre Förderkapazität gerade wieder mal erhöht hat. Der Titel wurde deutlich niedriger bewertet, weil die sicheren Ölreserven als zu hoch ausgewiesen wurden. Wegen dieses »Rechenfehlers« muss Royal Dutch Schadensersatz an die Aktionäre bezahlen. Insgesamt sieht es nach einer »Überreaktion« des Marktes aus, sodass Potenzial nach oben vorhanden scheint.

Royal durch hat für viel Geld Ölschiefersände in Kanada gekauft. Daraus Öl zu gewinnen ist zwar weitaus schwieriger und kostenaufwendiger, als wenn es einfach abgeschöpft werden kann wie in Saudiarabien, dafür scheinen die Vorkommen groß und sind bei steigendem Ölpreis rentabel.

2007 wurde Royal Dutch in Russland dazu gedrängt, die Mehrheit am Ölfeld Sachalin für gute 7 Milliarden an Russland zu verkaufen, weil Russland kurzfristig ehrgeizige Pläne hatte und gern autonomer wäre. Diese Rechnung scheint für Russland nicht aufzugehen, sodass Putin Royal Dutch eingeladen hat, sich an den Ölfeldern Sachalin 3 und 4 zu beteiligen. Die Öl- und Gasvorkommen auf Sachalin gehören zu den größten der Welt. Damit könnte Royal Dutch bei Bedarf mehr fördern als verbrauchen.

2008 hat RD mit 458 Milliarden Dollar mehr umgesetzt als die Nr. 2 ExxonMobil mit 442 Milliarden. RD scheint nunmehr in der Lage, seine Produktion bei Bedarf deutlich zu erhöhen, und wird von einem höheren Ölpreis kräftig profitieren. Ein höherer Ölpreis ist dann zu erwarten, wenn global die Konjunktur stärker anspringt. Als Anleger sollten Sie daher für einen höheren Ölpreis beten, weil dieser Ausdruck einer guten

Konjunktur sein wird. Steigt der Ölpreis, dann ist der Innovationsdruck aus Ersatztechnologien ausreichend hoch.

Der Kurs von RD ist immer noch etwas angeknackst von dem Bilanzierungsskandal, als das Unternehmen vor einigen Jahren kontinuierlich zu hohe Reserven ausgewiesen hatte.

General Electric

Mischkonzern aus Amerika, ist seit Gründung des Dow Jones im Jahr 1986 in diesem Index. Die Dividende musste seit Bestehen nicht gesenkt werden, erstmals für 2008 wurde weniger Dividende ausgeschüttet. Das operative Ergebnis steigt ansonsten mit bilderbuchhaftiger Regelmäßigkeit. Steht für die amerikanische Wirtschaft schlechthin. Durch die Finanzkrise geriet der Konzern unter Druck und musste erstmals seit 71 Jahren die Dividende reduzieren.

Die Firma ist ein Konglomerat und wie ein eigener Fonds zu bewerten, weil sie in so vielen Bereichen – von Medizintechnik bis Umwelttechnik bis Finanzgeschäfte aufgestellt ist. Selbst wenn es der Firma schlecht ginge, würde sie möglicherweise vom Staat unterstützt. GE ist einigermaßen gleichbedeutend mit Amerika! Geht es GE schlecht, geht es Amerika schlecht. Es wird immer alles getan werden, damit GE ordentlich dasteht. Nur aus diesem Grund ist ein etwas höheres KGV gerechtfertigt. Im Herbst 2009 wurde für die Firma ein KGV von rund 17 ermittelt bei einer Dividendenrendite von etwa 5 %, was man als Einladung zum Einstieg verstehen kann.

McDonald's

Ein Lieblingstitel von Warren Buffett. Kommt einem Megatrend entgegen. Wenn die Leute wohlhabender werden, wollen sie weniger selbst kochen und gehen häufiger essen. Wer es eilig hat, geht zu McDonald's. Die Qualität des Essens soll nicht diskutiert werden, obwohl auch auf diesem Sektor positive Veränderungen konstatiert werden müssen: Neben Burgern gibt es mittlerweile eine ganze Reihe von Salaten, mit der neuen Kaffeemasche wird das Erfolgsrezept von Starbucks überaus erfolgreich abgekupfert. Die neue – grüne – Innenraumfarbe soll vermehrtes Interesse an sauberer Umwelt signalisieren.

Zunehmend wird eine Polarität deutlich. Die gleichen Leute, die bei McDonald's tagsüber aus Zeitmangel essen, speisen abends im Gourmet-Restaurant – zur Entschädigung?

Der Titel erscheint immer dann kaufenswert, wenn das KGV unter 16 liegt. Im Jahr 2003 hieß es, die Aktie habe »ausgebrutzelt«, als »temporäres Problem« kam dann die BSE-Krise dazu – viele Anleger machten seinerzeit einen großen Bogen um die Aktie und ließen den Frikadellentitel links liegen. Erfolgreiche Konzerne meistern jedoch auch solche Probleme. Wer damals gegen den Trend zugegriffen hat und möglicherweise erkannt hat, dass Probleme wie allgemeiner Kursverfall auf dem Parkett und BSE mehr oder weniger eingepreist waren, kann heute von dem Burgerkonzern womöglich ganz gut leben – wobei die Zukunft auch nicht schlecht aussieht.

Auch im kritischen Börsenjahr 2008 oder vielleicht auch wegen der kritischen Lage hat McDonald's erheblich performt, der Kurs ist seit 2003 von rund 16 auf knapp unter 60 angestiegen, die Dividende wurde in 2008 von 1 Dollar auf 1,50 Dollar erhöht (!) – solche Steigerungen sind selten – und soll planmäßig weiter auf 2,1 Dollar angehoben werden. Gegen Ende 2009 kostete die Aktie wieder richtig Geld, gleichwohl sind der stetige Gewinnstrom und die guten Perspektiven eine eingehende Überlegung wert. Vom Ambiente des Burgerverkäufers kann sich jeder sehr leicht selbst überzeugen: Wenn regelmäßig die Schlangen an der Kasse lang sind, dann ist das Konzept offenbar für viele Konsumenten überzeugend. Nicht zu vergessen ist die Tatsache, dass auch in teuren Metropolen die Burgerpreise auf dem Boden bleiben und eine klare »Wiedererkennung« gegeben ist. Mit anderen Worten: Ein starker Markenname, im Moment gibt es nicht viel zu mäkeln.

HSBC

Siebtgrößte Bank der Welt, größte Bank Europas, hohe Profitabilität, deckt in hervorragender Weise den asiatischen Raum mit ab. Wenn dort einmal die Post abgeht, sind Sie mit diesem Titel dabei. Es spricht einiges dafür, dass das Wirtschaftswachstum im asiatischen Raum mittelfristig größer sein wird als im Euroraum oder den USA. Gute Dividendenrendite um die 4 %, niedriges KGV. HSBC ist offenbar gut durch die Bankenkrise gekommen beziehungsweise hat von ihr eventuell sogar profitiert, weil unliebsame Konkurrenten an Einfluss verloren haben. Branchenriesen wie die Citigroup, die RBS (Royal Bank of Scotland) oder auch die UBS haben gewaltig verloren. Der UBS ginge es noch wesentlich schlechter, wenn nicht Singapur mit einem Betrag von mehr als 5 Milliarden Dollar eingestiegen wäre. Die UBS, die sich vormals als größten Vermögensverwalter weltweit bezeichnete, hat sowohl durch »suboptimale« Anlagen als auch durch den Steuerstreit zunächst mit den USA und jetzt auch mit europäischen Staaten schwer gelitten. Das Schweizer Bankgeheimnis gilt als erodiert, damit fällt eine wesentliche Geschäftsgrundlage dieser Bank weg. Von all diesen Veränderungen ist die HSBC kaum betroffen: HSBC musste keine roten Zahlen schreiben, sie musste keine Staatshilfen in Anspruch nehmen wie andere (UBS, ING, RBS ...). Lediglich im Jahr 2002 hat die HSBC mit dem Kauf des amerikanischen Institutes Household International, das sehr von der amerikanischen Immobilienkrise heimgesucht wurde, sich selbst ein Kuckucksei ins Nest gelegt.

Die HSBC ist vertreten in 86 Ländern und hat einen Kundenstamm von über 100 Millionen. Sie ist damit global bestens positioniert und wird von einer erstarkenden Weltwirtschaft weiter profitieren. In China ist die HSBC derzeit die größte ausländische Bank. Wenn man die chinesische Karte spielen will, ist es vielleicht besser, das über die HSBC zu tun, als ein Direktinvestment im chinesischen Markt zu tätigen, der von vielen als Zockermarkt verstanden wird.

Bayer

Bayer hat die ehemals erfolgreichste deutsche Pharmafirma Schering mit Touch in der Biotechnologie geschluckt. Stabiles Gewinnwachstum, ordentliche Dividende. Wie sich die Verbindung Schering-Bayer anlässt, muss abgewartet werden. Man muss davon ausgehen, dass die Synergiepotenziale erst einmal gehoben werden müssen, bis sich da ein neuer Stern auftut und kühne Hoffnungen durch Realität unterlegt werden. Wenn keine Fehler gemacht werden, erscheint der Zusammenschluss sinnvoll, weil damit eine kritische Größe ausreichend überschritten wird, die Pharmafirmen benötigen, um neue Produkte zu entwickeln.

Novartis

Was bietet die Schweiz noch – außer Banken und Bankgeheimnissen?

Es wird schon seinen Grund haben, wenn in der Schweiz mit einer vergleichsweise kleinen Einwohnerzahl multinationale Konzerne wie Nestlé, Novartis oder Roche ihren Sitz haben. Das Wachstumsklima dort muss günstig sein, weil sich die aufgeführten Giganten samt und sonders bester finanzieller Gesundheit erfreuen. Die Schweiz ist – ähnlich wie die Niederlande – als Binnenmarkt zu klein, sodass frühzeitig begonnen wurde zu expandieren.

Novartis macht einen guten Eindruck im Bereich Ophthalmologie, aber ein großer Konzern mit rund 100 000 Mitarbeitern kann nicht von Augentropfen leben. Wegen der Kosten von Lucentis ist der Pharmakonzern bundesweit im Gespräch. Im Vergleich zum derzeit nicht zugelassenen Avastin und im Vergleich auch zu Macugen neigt sich die Waagschale mittlerweile dennoch eindeutig in Richtung Lucentis. Das dürfte der Firma allein in der BRD einige Hundert Millionen an Umsatz bescheren und Deutschland ist noch nicht alles. Aufgrund der Demografie und wenn Nachfolgepräparate wie die am Horizont winkenden VEGF-Traps von Bayer nicht zu früh kommen, könnte hier ein Blockbuster erwachsen mit Umsatzpotenzial im Milliardenbereich.

Das eigentliche Geschäft läuft nicht im Augenbereich, sondern in anderen, zum Beispiel dem der Impfstoffe: So schluckte Novartis vor einiger Zeit den zweitgrößten Impfstoffhersteller Chiron und bekam die europaweite Zulassung für den Grippeimpfstoff Optaflu. An weiteren Impfstoffprojekten ist Novartis maßgeblich beteiligt. Und Novartis will zukünftig verdienen, ähnlich wie auch der britische Pharmariese GlaxoSmithKline: an Impfungen gegen Grippe, Infektionen und Hepatitis C. Umsatzstärkstes Produkt ist der Blutdrucksenker Diovan, der bis 2012 patentgeschützt ist. Novartis hat eine breite Produktpalette und ist damit weniger abhängig vom Erfolg einzelner Medikamente. Auch der vermehrte Einsatz von

Generika ist keine tödliche Konkurrenz, weil Novartis – vorsorglich – im Jahr 2005 den Generika-Hersteller Hexal gekauft hat. Zudem verfügt der Konzern über ein Produktportfolio von 130 (!) Produkten, sodass hier weiteres Licht am Horizont erstrahlt.

Pharma war bisher die klassische »sichere Bank« und wurde von Anlegern entsprechend honoriert. Nach der Investmentlegende Warren Buffett fahren Anleger ja immer dann am besten, wenn sie bei einer Firma ein »temporäres Problem« erkennen und sich just zu einem kritischen Zeitpunkt einkaufen, so zum Beispiel bei McDonald's in der Zeit von BSE, bei Altria nach einem verlorenem Raucherprozess oder bei Banken während einer Bankenkrise.

Im Pharmabereich greift man am besten dann zu, wenn Zwischenfälle, Schwierigkeiten mit der Gesundheitspolitik oder Zulassungsprobleme übergroß an die Wand gemalt werden. Als Beispiel aus der jüngeren Vergangenheit sei die amerikanische Merck genannt, die nach der Vioxx-Affäre zunächst viele Tausende von Prozessen am Hals hatte und immer noch hat und derzeit ein fulminantes Comeback feiert.

Nur dann sind Aktien ja einigermaßen billig, wenn der allgemeine Konsens einseitig die Schwierigkeiten sieht und die sich bietenden Chancen nicht wahrnehmen will. So viel zur »Effizienz« der Märkte!

Probleme und wahrscheinlich solche temporärer Art waren in 2009 bei Novartis erkennbar: Ausgerechnet das Kerngeschäft schwächelt, Novartis will rund 1200 Stellen von rund 100 000 streichen. Novartis befindet sich damit in bester Gesellschaft mit anderen Pharmariesen wie Johnson & Johnson, Pfizer und andere, die ebenfalls Stellen abbauen und damit erheblich Kosten reduzieren.

Die Schmerzen durch den nur geringen Zuwachs im Pharmabereich werden deutlich gelindert durch den Verkauf der Nahrungsmittelsparte Gerber an den Nestlé-Konzern für 5,2 Milliarden Dollar – wohl dem, der etwas auf der hohen Kante liegen hat …Trotz aller Probleme erwartet Novartis eine Steigerung des bereinigten operativen Gewinns immerhin im mittleren einstelligen Bereich.

Bei Novartis kann der geneigte Betrachter erkennen, dass die Hausaufgaben ordentlich gemacht wurden: So stieg das operative Ergebnis in den letzten 5 Jahren kontinuierlich und stetig um etwa 10 bis 15 % p.a. an, der Kaufpreis ist bei einem aktuellen KGV von unter 10 (in 07/2010) historisch günstig, die Dividendenrendite um 4 %. Der Titel eignet sich zum »Kaufen und Liegenlassen«.

Von vielen wird der stagnierende Aktienkurs bejammert, aber würden wir ein gutes Auto lieber preiswert oder teuer einkaufen? Da freuen wir uns doch lieber über ordentliche Qualität zum günstigen Preis – irgendwann kommt wie immer eine »Branchenrotation« und dann wird man den aktuellen Kursen hinterhertrauern.

Münchner Rück

Seit Kurzem nennt sie sich Munich Re.

Sie ist weltgrößter Rückversicherer mit sehr gutem Umsatz- und Gewinnwachstum auch in den letzten Krisenjahren. Vom allgemeinen Klimawandel ist interessanterweise eher eine Verbesserung der Position zu erwarten, weil Rückversicherer dann in der Lage sind, ihre Preise (nach oben) anzupassen, sprich zu erhöhen. Die Munich Re hatte nur einen geringen Aktienanteil und wurde von der Krise wenig betroffen. Gute Alternative zu Swiss Re, dem zweitgrößten Rückversicherer, und auch zu Hannover Rück. Versicherungen sind oft eine gute Investition, weil Prämien halbwegs zuverlässig bezahlt werden – wann immer möglich. Die Bilanz kann im wahrsten Sinne des Wortes verhagelt werden durch Großschäden, denken wir an die starken Hurrikane, Erdbeben etc. Auf jeden Fall sind Versicherer wie die Munich Re eine interessante Diversifizierung für das Depot. Es hat seinen Grund, weshalb Warren Buffett Versicherungsaktien liebt.

Achtung: Es ist verführerisch, zu viele Finanzwerte ins Depot aufzunehmen, weil die Dividendenrendite hoch ist und das KGV niedrig. Vorsicht ist aber auch geboten wegen eines sogenannten »Klumpenrisikos«. Auch Finanzwerte können baden gehen, wenn zum Beispiel die Zinsen steigen, Kredite entweder nicht mehr vergeben oder nicht mehr zurückgezahlt werden können. In Ihrem Depot, auch wenn es größer ist, sollten deshalb nicht zu viele solcher Werte sein. Auch bei GE ist zum Beispiel der Finanzsektor von erheblicher Größe.

Versorger wie E.ON oder RWE

Defensive Titel, bei denen Sie nicht allzu viel falsch machen können, es sei denn, dass Sie sie zu teuer einkaufen. Hin und wieder als langweilige »Witwen- und Waisenpapiere« gehandelt. Solche Papiere entfalten ihren Charme besonders dann, wenn heiße Titel aus dem Technobereich oder aus einem Modebereich wie Biotech oder Osteuropa oder Chipaktien gerade wieder mal abgestürzt sind. Beruhigendes, zuverlässiges und konstantes Gewinnwachstum gepaart mit hoher Dividendenrendite!

Im Moment sehen die Versorger eine »historische Chance« in der gepuschten Entwicklung von Elektroautos. Es gilt als ausgemacht, dass der Trend zu Elektromobilität anhält. Die Versorger müssen sich dann zwar auch am Aufbau der entsprechenden Infrastruktur beteiligen, sie müssen Ladevorrichtungen entwickeln und bereitstellen und Abrechnungssysteme vorhalten. Aber niemand kann sie zwingen, solche Leistungen kostenlos zu erbringen – im Gegenteil ist es gut möglich, dass hier weiteres Zusatzgeschäft wartet, zum Beispiel über Batterieleasing, das nach Branchenschätzung Umsätze in Milliardenhöhe generieren könnte.

Und einige erkennen hier gar einen neuen Megatrend, dann nämlich, wenn fossile Energien nach Überschreiten des Peak Oil, dem Maximum der Ölförderung, eine immer geringere Rolle spielen werden.

Da die Ölförderländer eher geneigt sind, ihre tatsächlichen Reserven eher zu hoch auszuweisen, könnte dieser Zeitpunkt bereits überschritten sein. Die Ölförderländer stehen ja vor dem ewigen Dilemma, dass sie einerseits Geld verdienen wollen, aber andererseits die Preise nicht zu stark anheben können, weil dadurch die Entwicklung alternativer Energien zu stark gefördert wird. Also müsste es deren natürliches Interesse sein, den Ölpreis so niedrig wie möglich zu halten, denn Alternativen zum Öl gibt es mit den erneuerbaren Energien allemal und früher oder später werden diese ohnedies kommen.

Das wäre auch eine naheliegende Erklärung für die Tatsache, dass die genannten Länder geradezu hektisch global investieren und mit ziemlich allen Mitteln nach Alternativen zum Öl suchen, indem sie neue Finanzplätze ins Leben rufen.

Damit könnten die oben genannten Versorger oder auch die italienische Eni oder die spanische Iberdrola – jeweils mit aktuellen Dividendenrenditen über 6 % im Herbst 2009 – auf einmal ganz heiße Titel werden.

Medtronic

Medizintechnik – die Lebenserwartung der Menschen wird immer größer. Medtronic kommt diesem Bedarf entgegen und produziert Geräte wie Herzschrittmacher, Herzklappen und technisches Gerät, die im wahrsten Sinne des Wortes lebensnotwendig sind. Die Firma ist daher weitgehend nicht von der Konjunktur abhängig, erwirtschaftet seit vielen Jahren gute Profite mit immer steigender Tendenz. Ein Bekannter äußerte einmal, wenn er nur einzige Aktie kaufen dürfte und seine Entscheidung erst nach 10 Jahren revidieren dürfte, dann wäre es dieser Titel!

Canon

Japanischer Technologiekonzern mit einer stetigen profitablen Firmengeschichte und zuverlässigen Kurszuwächsen ohne allzu große »Sprünge« von zirka 12 % pro Jahr während der letzten – auch schwierigen – Börsenjahre. Mehr als 7000 Entwickler garantieren in Zukunft Wettbewerbsfähigkeit. Früher wurden vorwiegend Kameras produziert, jetzt vermehrt Computerzubehör wie Drucker oder Scanner. Der Konzern ist nur gering verschuldet und weist eine hohe Eigenkapitalquote auf. Er hat den japanischen Börsencrash bestens überstanden.

Unilever

Zuverlässiger Konsumtitel, wieder auf dem Gewinnpfad seit Umstrukturierung und Konzentration, ordentliche Dividendenrendite von meist zwischen 3 und 4 %. Unilever ist auch in Russland investiert, Sie können davon ausgehen, dass Unilever sich das gut überlegt hat und Sie damit auch ein kleines Standbein in einem interessanten Markt ohne allzu großes Risiko haben. Nr. 3 nach Nestlé und Kraft.

Bombardier

Bombardier aus Kanada: volle Auftragsbücher, zuverlässiges Gewinnwachstum, Kursabsturz im Jahr 2001, arbeitet sich mühsam wieder nach oben. Die Chancen nach oben erscheinen im Jahr 2007 größer als die nach unten. Interessant wegen der Entwicklung neuer sparsamer Flugzeugtypen mittlerer Größe, für die ein guter Bedarf gegeben scheint.

Baustelle Pfizer – Chance oder Risiko?

Die paradiesischen Zeiten für Anleger sind seit dem Jahr 2003 spätestens vorbei, es herrschen wieder weitgehend normale Verhältnisse. Überall?

Schauen wir auf Pfizer. Die Pfizeraktie gilt als wacklig, kein Mensch beziehungsweise kein Anleger kann sich für den Titel begeistern, von allen Seiten werden ausschließlich Probleme genannt, mit denen Pfizer zu kämpfen hat.

Fundamental muss dagegengehalten werden, dass Pfizer seit 1849 besteht, dass dieser Firma 1944 ein Durchbruch gelang mit der Massenherstellung von Penizillin, dass 1991 der damalige Chef W.C. Steere das Unternehmen zum reinen Pharmakonzern umbaute und der Konzern allmählich weltweit zum größten Pharmakonzern wurde. In 2003 wurde Pharmacia (Xalatan, Xalacom) geschluckt, Pfizer wurde zum größten Pharmakonzern weltweit. Bei dieser Größe befürchtet man erstarrte Strukturen, Verkrustungen und eine Abflachung der Innovationskurve.

Tatsächlich verfügt Pfizer über reichlich Blockbuster, Produkte, die mehr als 1 Milliarde Umsatz generieren – von Xalatan, Xalacom bis Viagra, von Berberil und anderen gar nicht zu reden. Forschung wird intensiv betrieben mit einem Aufwand von rund 8 Milliarden Dollar jährlich und 12000 Mitarbeitern. Die Verkaufsstärke ist enorm und bietet Pfizer damit eine weitere Option zum Geldverdienen: Pfizer kann andere Firmen unterstützen und daran verdienen. Pfizer ist bereit für unpopuläre Maßnahmen: Derzeit stehen einige Tausend Arbeitsplätze zur Disposition, weil es in der Forschung die bekannten Flops gab und erhoffte Verkäufe sich nicht realisieren lassen.

Not macht erfinderisch: Pfizer bietet seit Juni dieses Jahres eine Diätpille für den Hund an: Wie Herrchen und Frauchen sind auch die Hunde regelmäßig zu dick, soll doch erst mal der Hund abnehmen!

Die Pfizeraktie hatte Ende 2009 ein KGV um 8 – abenteuerlich billig für einen Pharmawert –, eine Dividendenrendite von etwa 5 %, brutto mehr als 6 % – abenteuerlich hoch für einen US-Wert. Und Pfizer hat es allen Unkenrufen zum Trotz geschafft, das operative Ergebnis in den letzten Jahren immerhin um einige Prozent kontinuierlich zu steigern. Die Situation ist fast vergleichbar mit der von Altria, die auf dem Höhepunkt der Raucherklagen vor wenigen Jahren bei rund 20 Euro notierte und jetzt bei einem Mehrfachen dieses Preises auftauchte.

An der Börse gilt »Sell on good news«, damit gilt im Umkehrschluss auch »Buy on bad news« – allerdings nur wenn fundamentale Betrachtung und vernünftige Einschätzung das rechtfertigen. Damit könnte es sein, dass wir in einiger Zeit den heutigen Kursen von Pfizer nachtrauern werden – interessante Turn-around-Situation.

Johnson & Johnson

Die interessante Alternative – von der Kontaktlinse bis zur Zahnbürste.

In der idealen Börsenwelt steigert ein Unternehmen jährlich zuverlässig Umsatz und Gewinn, parallel dazu klettert der Kurs im Schaubild von links unten nach rechts oben. Unten links steigt man ein, rechts oben wird verkauft – so einfach ist Börse?

Aus leidvoller Erfahrung wissen die meisten, dass dem nicht immer so ist, und vom Gegenteil hat man auch schon gehört: Panik und Absturz ins Bodenlose.

Es gibt allerdings Firmen, die dem Idealbild recht nahekommen: Jeder kennt Johnson & Johnson. Die Kontaktlinsen, die Johnson & Johnson vertreibt, sind innovativ. Vor einiger Zeit wurde die Eintageslinse als erste dieser Art kreiert, die Firma erscheint kreativ. Wenn hier »pars pro toto« gilt, lohnt es, einen Blick auf die anderen Aktivitäten der Firma zu werfen:

Der Kontaktlinsenbereich ist im Vergleich zum Gesamtvolumen nicht wesentlich, weitaus größer sind der Pharmabereich, die Medizintechnik oder der Bereich der Hygieneartikel. Vor Kurzem übernahm Johnson & Johnson von Pfizer den Konsumgüterbereich. Johnson & Johnson ist breit gefächert: So ist in den »Ländern der Zukunft« wie China Johnson & Johnson vertreten durch einen Kosmetikhersteller und sichert sich in diesem aufstrebenden Land eine Marktposition.

Neuerdings wurde bekannt, dass Starinvestor Warren Buffett im Jahr 2008 bei Johnson & Johnson in größerem Stil eingestiegen ist – Ende März soll Buffett über Aktien dieser Firma im Wert von rund 3 Milliarden Dollar verfügen. Buffett als typischer »Value-Anleger« sucht Aktien, deren fairer Wert an der Börse (noch) nicht erkannt ist. Von Buffett stammt auch der Satz (sinngemäß): »Wenn du nicht bereit bist, eine Aktie 10 Jahre oder besser länger zu halten, dann solltest du gar nicht erst einsteigen.« Oder: »Mein Lieblingsanlagehorizont ist *für immer*!« Buffett vertritt die Meinung, dass man im Laufe seines Lebens möglichst wenige, dafür gut durchdachte Anlageentscheidungen treffen sollte.

Seit mehr als 70 Jahren (!) steigert Johnson & Johnson zuverlässig den Umsatz, seit 1962 wird die Dividendenausschüttung jedes Jahr angehoben.

Johnson & Johnson hat ein KGV von zuletzt rund 14,5 (unterdurchschnittlich), eine Dividendenrendite von rund 3 % und einen geringen Verschuldungsgrad. Wie viele Pharmaunternehmen erscheint auch Johnson & Johnson im Moment (Ende 2009) kräftig unterbewertet. Potenzial nach oben ist gegeben, weil erhebliche Kosten eingespart werden können durch eine Optimierung von Vertrieb und Administration – was gerade Pfizer vorexerziert. Ein erheblicher Prozentsatz der Kosten sind administrativer Natur, daran kann ohne Qualitätsverlust gespart werden. Neue »Blockbuster« sind in der Pipeline, milliardenschwere Aktienrückkäufe (geplante Größenordnung 10 Milliarden USD) sind vorgesehen. Obwohl die Bewertungen im Pharmabereich sich aktuell auf Tiefständen befinden, bleiben die Käufer aus. Im Gegensatz zur Schnäppchenmentalität bei Aldi werden Aktien ja lieber gekauft, wenn sie richtig teuer sind.

Kehren wir zur Eingangsbemerkung zurück und fragen uns: Werden die Kurse weiter steigen?

Dafür spricht einiges, nicht weil die Welt besser geworden wäre, aber unstrittig ist der allgemeine »globale« Wohlstand gestiegen. Nicht unbedingt bei uns, aber in China, Indien oder Russland, deren Devisen, ergänzt um Petrodollars der arabischen und der skandinavischen Länder, unter anderem in die Aktienmärkte schwappen. Wir erinnern uns an das Bonmot von Altmeister Kostolany, wenn er sagt: »Aktien steigen dann, wenn es mehr Idioten (die kaufen) als Aktien gibt, und sie fallen, wenn es mehr Aktien als Idioten gibt.«

So einfach kann Börse sein.

Coca-Cola

Weltweites Verbrauchermonopol mit einem der bekanntesten Markennamen der Welt. Die Aktie ist so beliebt, dass sie meistens zu teuer ist. Wenn wieder einmal ein »temporäres Problem« auftaucht, ist sie ein gutes Investment. Coca-Cola bekam in den letzten Jahren Konkurrenz durch Pepsi.

Wir kennen Coca-Cola als solide »Cashcow«. Wie schon früher ausgeführt hat Coca unterm Strich in den letzten Jahren (vgl. die Ausführungen von Gerd Kommer) mehr Rendite eingespielt als ein Hoffnungsträger-Wachstumswert wie IBM. Das sollten wir uns immer wieder klarmachen: Viele Wachstumswerte werden von Anlegern derart euphorisch betrachtet, dass die dafür bezahlten Preise unverhältnismäßig hoch sind. Ohne jeden Zweifel ist IBM eine vorzügliche Firma, die sich erfolgreich den Erfordernissen der Zeit stellt, indem sie zum Beispiel früh genug vom Hardwareverkauf auf Softwarevertrieb umgestiegen ist. Der »Rummel« um IBM war zu jeder Zeit größer als ein eher langweiliger Wert, der sein Geld verdient hat. IBM ist schneller gewachsen, war aber immer teuer. Das Gleiche könnte mit den aufstrebenden Wirtschaften im asiatischen Raum auch passieren, daher: Cave Wachstumsfalle!

BHP Billiton – Anglo American

Größter Rohstoffkonzern der Welt – nach Jim Rogers spielen Rohstoffe in den nächsten Jahren eine tragende Rolle. BHP ist vor Rio Tinto, Anglo American, X-Strata und Vale der größte Konzern. Mit einem KGV um 17 Ende 2009 und einer Dividendenrendite um 2,50 zur Diversifikation gut geeignet. Interessant ist der Konzern weiter wegen seiner blitzsauberen Bilanz. Wie es aussieht, ist er im Jahr 2010 völlig schuldenfrei, sodass weitere Akquisitionen und/oder Aktienrückkaufprogramme jederzeit denkbar sind. BHP selbst ist breit aufgestellt: Neben Aluminium, Kupfer, Mangan Eisenerz, Uran werden auch Öl und Diamanten gefördert. In Zukunft könnte ein weiterer Wachstumstreiber dazukommen: Vorgesehen ist ein Einstieg in die Kaliförderung – angesichts der langfristig guten Aussichten für die Agrarbranche ein weiteres Argument für den Konzern.

Eine interessante Alternative oder auch zusätzlich können Sie Anglo American überlegen: Wenn Sie jemals daran gedacht haben, Ihrer Frau Diamanten zu schenken, betrachten Sie Anglo American genauer. Der Titel ist mit 45 % an De Beers beteiligt, dem größten Diamantenschürfer der Welt, weitere 40 % gehören der Familie Oppenheimer aus Südafrika, der Rest dem Staat Botswana.

Diamanten wären ein wunderbares Anlagevehikel, wenn es einen ordentlichen Markt dafür gäbe. Ein Karat lupenreiner Diamant hat einen Kaufwert von etwa 20 000 Euro (!) und wiegt 0,2 Gramm. Leider verlieren Sie nach regulärem Kauf sofort etwa die Hälfte, weil beim Verkauf immer Zugeständnisse gemacht werden müssen. Ideal als Fluchtwährung: 1 Gramm Diamant lupenrein verkörpert einen Wert von etwa 5 Kilogramm Gold, mithin zirka 100 000 Euro! Man könnte erhebliche Werte im »hohlen Zahn« über die Grenzen tragen. In Krisensituation wie seinerzeit im Dritten Reich sicher besser als Gold – heutzutage macht sich der Diamant wahrscheinlich besser am Hals Ihrer Frau und ist nicht ideal als Anlageprodukt – leider. Daher betrachte ich ein Investment in Anglo mit durchaus romantischen Gefühlen, gleichwohl wahrscheinlich rentabler als physische Diamanten.

Brille: Fielmann – Aktie: gut?

Auch Unternehmen mit kleinerer Marktkapitalisierung können von großem Interesse sein. Als Beispiel dafür sei Fielmann genannt.

Brille: Fielmann – eines der besten Marketing-Statements, das man sich nur vorstellen kann. Kürzer, kompakter und besser »auf den Punkt gebracht« geht nicht. Brille: Fielmann – das hämmert, basta!

Ist die Fielmann-Aktie ähnlich erfolgreich fürs Depot, ist die Fielmann-Aktie ein Renner?

Vor einigen Jahren hatte Fielmann eine Marktkapitalisierung von gerade mal wenigen hundert Millionen Euro. Die Fielmann-Aktie ist im SDax gelistet, hat heute eine Marktkapitalisierung von um 2 Milliarden, ein KGV von 16 und eine Dividendenrendite von 4 % (09/2009)

Wäre die Aktie ein gutes Investment gewesen? Ist sie es heute?

Im Nachgang ist die Antwort ein klares »Ja«, wobei allerdings der Aspekt gesehen werden muss, dass in den vergangenen Jahren der einzige Fehler, den man überhaupt machen konnte, darin bestand, nicht investiert gewesen zu sein. Seit dem Tiefpunkt des Marktes im März 2003 hat sich der Kurs mehr als verdoppelt und steht mittlerweile (Juli 2010) bei rund 59 Euro. Zusätzlich dürfen sich Anleger über eine Dividendenrendite von rund 3,3 % freuen.

An der Börse interessiert aber nicht Vergangenheit, sondern Zukunft beziehungsweise Potenzial, in erster Linie Aufwärtspotenzial, wenn man nicht mit Derivaten arbeiten will.

Von Fielmann werden in der BRD mittlerweile mehr als 50 % aller Brillen verkauft, die über den Ladentisch gehen. Die Firma hat es geschafft, ihr operatives Ergebnis in den letzten Jahren um etwa 20 % jährlich zuverlässig zu steigern. Selbst der »Brillenknick« in 2004 hat die Aufwärtsbewegung kaum beeinträchtigt.

Einer der schlimmsten Fehler, den man an der Börse machen kann, besteht darin, aus extremem Optimismus heraus zu agieren, was zu unüberlegten und zu teuren Käufen führt, schlimmer noch ist übertriebener Pessimismus, der zu Inaktivität führt und entgangenen Gewinnen nachtrauern lässt.

Wendet man derartige Überlegungen auf Fielmann an, bleibt festzustellen, dass die Firma »heute« mit einem KGV von 16 nicht zu teuer scheint, aber auch kein »Schnäppchen« mehr darstellt. Der jährliche Gewinnzuwachs ist jedoch so konstant, dass man das KGV und damit den Preis der Aktie rechtfertigen kann.

Wo kommt die Fantasie für die Zukunft her, das wichtigste Argument für eine Investition?

Das Unternehmen ist von einer Führerpersönlichkeit »inhabergeführt«, die Marke gut etabliert. Man darf guten Gewissens extrapolieren und unterstellen, dass die Innovationsfreudigkeit anhält.

Zukunftsträchtiger ist wahrscheinlich eine andere Fielmann-Entscheidung: Da in der BRD der Brillenmarkt weitgehend gesättigt scheint, die Zuwachsraten bei harter Konkurrenz begrenzt sind und die Expansion ins Ausland erst noch glücken muss, neigt Fielmann zur Expansion in den Bereich der Hörgeräte. Heute bereits erzielt Fielmann bereits Umsätze mit Hörhilfen. Dieses Geschäft könnte bald noch besser schmecken: Die Margen im Bereich Hörgeräte sind besser – bei rund 20 % –, wohingegen bei Sehhilfen lediglich knappe 9 % erwirtschaftet werden. Da ein europaweites Filialnetz besteht, ist das eine offene Tür, die zum Markteintritt einlädt.

Logischer Schritt: Wer in höherem Alter schlecht sieht, hat oft auch Hörprobleme, und wenn eine gute Infrastruktur mit vielen Läden in zentraler Innenstadtlage vorhanden ist, dann kann sich eine ähnliche Zielgruppe auch mit Hörgeräten eindecken.

Damit ist »Musik« im Titel – auch für die Aktionäre.

BASF Chemie

Chemieaktien sind zwar von der Tendenz zyklisch ausgelegt, also stark von der Konjunktur abhängig. Das trifft auch zu für die BASF. Dennoch sollte man sich ein Engagement in die weltgrößte Chemiefirma wohlwollend überlegen. Die Firma steht stabil da, weiter zahlt BASF traditionell gute Dividenden, sie wird im Aufschwung überproportional profitieren, im Abschwung auch reichlich verlieren. Trotzdem erscheint mir der Titel aus Gründen der Diversifikation ausgesprochen interessant und eine katastrophale Entwicklung unwahrscheinlich.

Pharmabranche allgemein

In Zeiten knapper Kassen, erodierender Sozialsysteme, nachlassender Leistungskraft auch der berufsständischen Versorgungswerke, Rückgang der Grundlohnsummen etc. sollten Sie immer wieder einmal nachdenken über die optimale Aufteilung von Asset-Klassen. Immer stellt sich die Frage, ob Investments eher im Bereich Immobilien, Renten, unternehmerische Beteiligungen oder an den Aktienmärkten getätigt werden sollen.

In allen Klassen kann Geld verdient werden, aber manchmal ist es so, dass das sicher ist, was primär unsicher erscheint: Der Autor spricht sich stark für die Aktienmärkte aus, weil dieser Markt besonders bei den großen Titeln, den Large Caps, immerzu sehr kritisch hinterfragt wird, dieser Markt sehr effizient ist und es kaum möglich ist, »weiche Kosten« so raffiniert zu verstecken wie bei anderen Geldanlagen. Anleihen, die allgemein als »sicher« angesehen werden, sind es bei langfristiger Betrachtungsweise nicht: Während in den letzten 100 Jahren Geld respektive Anleihen zweimal »kaputt« ging, haben Aktien die Kriege zwar mit Blessuren überstanden, aber immerhin größtenteils überlebt und sich bis heute gut erholt. Zwischen Risiko einerseits und Volatilität andererseits sollte daher klar unterschieden werden.

Zwar gilt die Bauernweisheit »Gold ist gut, aber man kann auch Gold zu teuer einkaufen«, aber bei soliden Blue Chips mit stetigem Gewinnwachstum ist immerhin ein (meist) angemessener Gegenwert zu erwarten.

Wissen müssen Sie allerdings, was gerade »modern« ist, um da eben nicht einzusteigen. Wenig gefragt – erstaunlicherweise – sind in den letzten Jahren Pharmaaktien, die lange Zeit als Garant für zuverlässiges Wachstum angesehen wurden. Pharmaaktien wurden bisher üblicherweise mit einem KGV von 18 bis 20 gehandelt. Es ist bemerkenswert, dass zum Beispiel Pfizer mit einem KGV von unter 10, die amerikanische Merck mit einem KGV von 15 ebenso wie Novartis über den Tisch gehen. Klar, die Firmen haben ihre uns bekannten Probleme, Pfizer durch Ablauf des Cholesterinsenkers, Merck durch die angestrengten Prozesse, Novartis durch die Rücknahme eines angedachten Blockbusters gegen den Reizdarm und durch die Unterstellung von hässlichen Nebenwirkungen bei einem Präparat gegen die altersabhängige Makuladegeneration. Gleichzeitig sitzen die Firmen auf größeren Finanzpolstern, die Kriegskassen sind gefüllt und lauern auf die Gelegenheit, sich zum Beispiel die eine oder andere Biotechfirma einzuverleiben, eine Strategie, die oft aufgeht. Unverändert ist Pfizer (immer noch) die weltgrößte Pharmafirma und es scheint eine Frage der Zeit, bis neue Produkte sprudeln.

Wir haben einen demografischen Wandel: Bis 2040 werden wir rund 2 Milliarden (!) über 50-Jährige auf diesem Planeten haben, Menschen also, die dringend auf die Erkenntnisse von Pharma und Biotech warten und bereit und oft auch in der Lage sind, dafür Geld auszugeben. Vielen dieser Leute wird es egal sein, was die gesetzlichen Kassen dazu sagen, Hauptsache, es gibt etwas gegen deren Leiden.

So gesehen bietet die Pharmabranche großes (Börsen-)Potenzial. Pharma ist derzeit nicht in Mode, sodass der Privatanleger günstig einsteigen kann. Damit ist der Sektor eine gute Langfristanlage.

Wie steigt man ein? Weltweit gibt es einige Tausend Investmentfonds, dagegen nur vielleicht rund 200 Einzeltitel, über die sich nachzudenken lohnt. Eine Aktie wie Novartis, Roche, Pfizer, Bayer, GlaxoSmithKline muss man nicht unbedingt über einen Fonds kaufen und diesen über Ausgabeaufschlag und jährliche Managementgebühr ernähren. Das kann man auch selbst tun und die eigene jährliche Performance damit deutlich steigern.

»Auch die Experten raten nur rum« – so das Statement eines Börsianers –, ob Pfizer oder Novartis mit neuen Produkten einen Treffer landet, können wir nach entsprechenden Informationen ebenso gut selbst entscheiden.

Portfoliogewichtung und Rebalancing

Von manchen Autoren wird eine regelmäßiges »Rebalancing« des Portfolios angeregt, um einzelne Titel nicht ins Kraut schießen zu lassen. Darüber können Sie durchaus nachdenken. Aus Kostengründen sollten Sie aber eine solches Rebalancing möglichst nicht durch umfangreiche Verkaufs- und Kaufaktionen durchführen, sondern, wenn es sich irgendwie vertreten lässt, durch Nachkauf von Titeln, die im Portfolio unterrepräsentiert sind und die fundamental in Ordnung sind. Nachkaufen also dann, wenn im Zuge einer Branchenrotation Titel zu Unrecht zu billig sind und sich nicht des aktuellen Interesses erfreuen.

Eine 5 %-Regel als Obergrenze für Basisinvestments erscheint auch mir sinnvoll. Selbst wenn ein Titel wie eine RBS oder eine Ahold mal völlig baden geht, werden Sie das überleben und hoffentlich durch Gewinne auf anderen Sektoren ausgleichen können.

Allgemeine Überlegungen zur Depotstruktur

»Zu wissen, wie man es macht, ist nicht schwer.
Schwer ist nur, es zu machen.«
Chinesisches Sprichwort

Gold sollte meines Erachtens bestenfalls ein marginaler Bestandteil eines Portfolios bilden – aus zwei Gründen:

1. Gold bringt keine Zinsen.
2. Auch in sehr langen Zeiträumen hat Gold keine Wertsteigerung erfahren: In den letzten 200 (!) Jahren hat sich Gold im Wert nicht vervielfacht. Hätten Sie – etwas theoretisch – vor 200 Jahren den Gegenwert

eines Euros in Gold angelegt, wäre der Wert seitdem unverändert. Auch kürzere Zeiträume sind nicht viel anders. Derzeit haben wir einen Goldhype – ein Grund, gerade jetzt der Mode nicht zu folgen.

In der gleichen Zeit von 200 Jahren wären aus einem „Aktiendollar" übrigens 600 000 (!!!) Dollar geworden bei erstaunlich gleichmäßiger Entwicklung – trotz zweier Weltkriege und Währungsschnitte (nachzulesen bei Prof. Jeremy Siegel, sehr renommierter Investmentexperte). Im Vergleich dazu sahen Besitzer von Rentenpapieren und Immobilien »alt« aus.

Wenn Sie noch nie in Aktien investiert haben, nehmen Sie »Rücksicht auf Ihre Gefühle« und steigen Sie langsam ein, obwohl Sie dadurch wahrscheinlich Geld verlieren werden. Wenn Sie sich nicht in das Thema vertiefen wollen, suchen Sie einige breit aufgestellte Indexfonds aus, die zum Beispiel hauptsächlich Nordamerika und Europa abdecken, und zusätzlich einen weltweiten Indexfond. Einiges spricht für eine stärkere Entwicklung von China, Indien und Afrika in den nächsten Jahren. Einzeltitel sind für den Anfänger hier VERBOTEN, das Thema lässt sich mit Indexfonds gut abdecken.

Wenn Sie zuverlässig Geld verlieren wollen, dann nehmen Sie einen aktiv gemanagten Fond. Wenn Sie ebenso zuverlässig gewinnen wollen, einen Indexfond!

Nach unten gibt es also fast keine Grenze. Als vernünftigen Mindestbetrag sehe ich etwa 1000 Euro an. Wenn Sie damit bei einer Direktbank wie der ING-DiBA einkaufen, zahlen Sie etwa 10 (!) Euro an Transaktionskosten, bei einer klassischen Hausbank dagegen etwa das Fünffache, womit sich dieser Weg meines Erachtens erledigt hat. Wenn es »in den Fingern juckt«, kaufen Sie Einzelpapiere nach dem umgekehrten Mediamarkt-Prinzip: Es zählt vor allem die Qualität, erst anschließend kann man über den Preis nachdenken.

Bankberater sind mit Wahrscheinlichkeit »provisionsgetrieben« und wollen, dass Sie etwas »machen«. Für uns als Privatanleger ist es allemal klüger, nichts zu machen: Das Depot soll »wie ein Stein im Keller liegen« – wovon allerdings die Bank nicht leben kann. Weiterführende

Literatur von Gerd Kommer: *Die Buy-and-Hold-Bibel*. Es lohnt sich, Grundkenntnisse zu erwerben. Wollen Sie das Thema nicht weiter vertiefen – siehe oben.

In meinem Leben habe ich die meisten denkbaren Investmentmöglichkeiten »getestet«. Sehr reumütig komme ich zu der Feststellung: Das, was am unsichersten scheint, nämlich die Aktien, sind das vergleichsweise sicherste Anlageinstrument, weil dieser Markt immerzu von allen Anlegern sehr kritisch beäugt wird.

Vergleichen Sie das mal mit der »Black Box« irgendeines geschlossenen Fonds mit »aberwitzig hohen weichen Kosten«! Bei langer Historie sprechen die Zahlen für sich: Aktien sind mit sehr weitem Abstand die erfolgreichste und renditeträchtigste Anlageklasse – solange nicht gezockt wird!

Am Aktienmarkt gilt zum Beispiel der Spruch »Nur der liebe Gott und die Lügner kaufen zum Tiefpunkt.«

Beim Aktienmarkt muss man immer das Gesamtportfolio im Auge haben, Einzeltitel unterliegen stets erheblichen Schwankungen.

Das meiste Geld habe ich verloren bei Immobilien und unternehmerischen Beteiligungen. Erfreulicherweise ist das durch langjährige gute Aktienperformance mehr als wett gemacht worden. Diese Erfahrungen werden die meisten anderen garantiert in ähnlicher Form auch so machen. Ich empfehle, die beiden erstgenannten Varianten möglichst kurz zu halten oder ganz wegzulassen.

Trotz aller klugen Ratschläge von allen Seiten müssen Sie Anlageentscheidungen treffen, sobald »Handlungsbedarf« da ist, sprich, wenn Geld angelegt werden muss. Dann werden Sie auch den Begriff »Einsamkeit des Anlegers« verstehen – nicht mit jedem können Sie Ihre Geldgeschäfte besprechen. Ihr Lebenspartner interessiert sich womöglich nicht für das Thema, mit Freunden und Bekannten sind derartige Gespräche nur mit Vorbehalt möglich – aus den verschiedensten Gründen.

Was also konkret tun? Wir können ja mal zusammen überlegen. Es erscheint mir ein gutes Prinzip bei normalen Kenntnissen des Aktienmarktes, einem jeweiligen Titel maximal etwa 5 % des Depotwertes zuzubilligen. Wenn wir von einem 100 000-Euro-Depot ausgehen, würde das bedeuten, dass eine einzelne Position zunächst nicht größer als etwa 5000 Euro sein sollte. Bei größerem Vermögen können Sie beliebig multiplizieren, mit dem genannten Betrag lässt sich gut rechnen. Das würde bedeuten, dass Sie etwa 20 Titel in Ihr Depot aufnehmen könnten, Beispiele dafür habe ich gerade eben aufgeführt.

Einigermaßen unbedenklich erscheinen mir Titel wie Nestlé, Unilever, Kraft Foods oder Procter & Gamble. Wenn Sie sich nicht entscheiden können, nehmen Sie alle vier und gewichten sie entsprechend.

Auch bei den Öltiteln besteht eine ähnliche Situation: Kein Mensch kann Ihnen sagen, ob langfristig eine Exxon, eine Royal Dutch, eine BP oder eine Total besser performen wird. Alle bisher genannten Titel sind Blue Chips, ich halte es für ziemlich egal, welchen oder welche Titel Sie übernehmen.

Auch wenn Sie lieber gepflegt essen gehen: Überlegen Sie sich als interessanten Konsumwert McDonald's – das Unternehmen hat auch in den schwierigen Jahren 2008 und 2009 die Dividende kräftig erhöht.

Bei den Banken scheint das Schlimmste vorbei: Die übrig gebliebenen Institute verdienen im Moment gut an den Geldern, die niedrig verzinst eingelagert werden und zu guten Konditionen weitergereicht werden. Das Geschäftsmodell von Banken erscheint nach wie vor unverwüstlich, wenn sie bei ihrem Leisten bleiben und die Dinge tun, die sie einigermaßen verstehen. Im Gegensatz zur RBS (Royal Bank of Scotland) sind Banken wie die oben erwähnte HSBC gut durch die Krise gekommen, auch die ING scheint wenig betroffen, Lloyds TSB will durch Kapitalerhöhungen den lästigen Staatseinfluss zurückführen. Von den genannten präferiere ich sehr eindeutig die HSBC, weil sie durch die Finanzkrise kaum belastet ist und ein starkes Bein in Asien hat, was sich unter anderem an der relativ stabilen Dividendenzahlung ablesen lässt.

Ein weiteres Geschäft, das sehr krisenunabhängig ist, ist das der Rückversicherer. Der weltgrößte Rückversicherer, die Münchner Rück – jetzt Munich Re – ist ebenfalls wenig betroffen von der Finanzkrise, erscheint bei einem KGV von um die 10 als nicht überteuert und ist ein guter Dividendenzahler. Die Munich Re hat angekündigt, eigene Aktien in größerem Stil zurückzukaufen, und will damit das operative Ergebnis pro Aktie verbessern. Das Geschäftsmodell der Rückversicherer ist ja ziemlich konjunkturunabhängig, Warren Buffett ist nicht umsonst Fan von Versicherungsaktien. Niemand wird ohne Not seinen Versicherungsschutz riskieren. Unwägbarkeiten liegen allenfalls in geopolitischen Katastrophen, die paradoxerweise häufig dazu führen, dass die Rückversicherer in der Lage sind, ihre Preise – wie geschehen – deutlich zu erhöhen. Die Munich Re würde ich wegen des stabilen Geschäftsverlaufs anderen wie der Swiss Re oder auch der Hannover Rück vorziehen und hätte keine Bedenken, diesem Titel 5 % meines Depots einzuräumen.

Ein weiterer unverzichtbarer Bereich ist in meinen Augen der Telekombereich: telefoniert wird immer. Die Konkurrenz ist zwar groß und theoretisch könnte der Fall eintreten, dass eines Tages nur noch kostengünstig übers Internet telefoniert wird. Das wird aber vermutlich noch dauern und die Telekomfirmen werden auch nicht schlafen. Infrage kommen nach meiner Meinung die Deutsche Telekom, und zwar deshalb, weil so schlecht über sie geredet wird, die Telefonica oder Vodafone. Alle drei zahlen derzeit reichlich Dividenden in der Größenordnung von um die 5 %.

Wenn wir an die Historie der Deutschen Telekom denken, die zu einem Preis von rund 13 Euro emittiert wurde, massiv propagiert von diversen Stars, dann raketenartig auf über 100 Euro gestiegen ist, um dann schlussendlich auf 8 Euro abzustürzen, dann erscheint diese nicht teuer. In diesem Bereich scheint die Telekom ihren Boden gefunden zu haben. Bei der Telekom ist die Tatsache bemerkenswert, dass viele Leute kein gutes Haar an ihr lassen, sich aber doch nicht trauen, zu einem anderen Anbieter zu wechseln, wo die Warteschlangen noch größer sind und der Service noch schlechter. Bei der Deutschen Telekom hat man immerhin den Eindruck, dass am Service etwas gearbeitet wird und die Situation sich doch sehr allmählich bessert. Im Telekombereich halte ich daher die Deutsche Telekom für interessant, aber auch die spanische Telefonica, die einen starken Fuß in Südamerika hat und sich auch zunehmend im asiatischen Raum engagiert. Beide Titel zahlen großzügige Dividenden, Telefonica erhöht derzeit von 1 Euro auf 1,15 während die Telekom ihre 78 Cent offenbar unverändert weiter bezahlen will, was einer Dividendenrendite von gegen 8 % entspricht, wenn sie denn (wahrscheinlich) fließt.

Weitere Titel, die in die engere Wahl kommen müssen, sind Mischkonzerne wie GE oder 3M. GE wurde durch den finanziellen Teil des eigenen Geschäftes in die Tiefe gerissen, GE verkörpert Amerika. GE ist vielseitig aufgestellt, was von den Analysten als Mangel empfunden wird, die eine Konzentration auf die Kernkompetenzen einfordern. Nichtsdestoweniger sind der Größenvorteil und die Vernetzung eines solchen Megakonzerns auch ein Überlebensvorteil. Wir dürfen an dieser Stelle solchen Argumenten entgegenhalten, dass GE durch den nicht finanziellen Teil seines Geschäftes gut aufgefangen wurde. Außerdem ist es der Mode unterworfen, ob gerade »Konzentration auf Kernkompetenzen« oder »breite Aufstellung« gefragt ist. Beide Konzerne, GE und 3M, sind erfolgreiche Mischkonzerne, steigern regelmäßig in normalen Zeiten ihr operatives Ergebnis – ohne Zögern würde ich jedem Konzern einen 5 %-Anteil im Depot zubilligen.

Auch am Pharmasektor kommen Sie unter keinen Umständen vorbei. Im Zuge einer Branchenrotation ist der Pharmasektor eigentlich überfällig. Dieser Sektor erscheint derzeit billig, es gibt eine Reihe von guten Pharma-Aktien, von denen ich oben ja einige aufgeführt habe. Wegen der relativen Stabilität des Sektors würde ich an zwei oder drei verschiedene Titel denken. Der Sektor wird zwar beschädigt durch starke Regulierung seitens des Staates, aber Kranke bezahlen für gute Therapien immer und Pharma ist unentbehrlich. Es wird spekuliert, ob der weltgrößte Pharmaproduzent – Pfizer – bald wieder auf den früheren Erfolgskurs einschwenkt – wofür einiges spricht – oder ob Konzerne wie Novartis, Roche, Glaxo oder andere eine zunehmend größere Rolle spielen werden. Bei keinem der genannten Konzerne hätte ich Bedenken, ihm jeweils 5 % Depotanteil zuzubilligen.

Eine besondere Rolle spielt der ebenfalls bereits angesprochene, seit vielen Jahren erfolgreiche Konzern Johnson & Johnson, der in Pharma einerseits und Konsum andererseits engagiert ist. Anhand der Kennziffern kann man ablesen, dass der Konzern erfolgreich ist.

Aus Gründen der Diversifikation sollte ein Rohstoffkonzern nicht fehlen, besonders infrage kommen meines Erachtens unter anderem BHP Billiton, Rio Tinto oder Anglo American. Vorziehen würde ich den Weltmarktführer BHP Billiton, weil dessen Verschuldungsgrad geringer ist als bei Rio Tinto. Anglo American ist dann reizvoll, wenn man ein Faible für Gold und Diamanten hat. Anglo American ist Teileigentümer von De Beers, den immer noch weltgrößten Diamantenproduzenten. Und bevor Sie sich schwer verkäufliche Diamanten ins Depot legen, kaufen Sie vielleicht besser einige Anteile von Anglo American.

Unabdingbar ist ein Versorger wie E.ON oder RWE. Versorgerwerte gelten als stabil und zuverlässig, als »langweilig« – und sind das größtenteils auch. Aber üblicherweise ist ihre Performance zuverlässig, ebenso wie ihre Dividende. E.ON ist etwas größer, hat einen größeren AKW-Anteil und baut mittlerweile große Offshore-Windparks, RWE setzt etwas mehr auf Wasserkraft. Bei beiden Titeln habe ich ein gutes Gefühl anhand der Zahlen, die sie bisher abgeliefert haben. Versorger versorgen Sie auch …

Damit sieht unsere 5 %-Liste aus wie folgt:

Nestlé	ING-DIBA
Unilever	Munich RE
Kraft	Deutsche Telekom
Procter & Gamble	Telefonica
Exxon	GE
Royal Dutch	3M
BP	Pfizer
Total	Novartis
McDonald's	E.ON
HSBC	BHP Billiton

Bei keinem dieser Titel hätte ich Bedenken, bis zu 5 % Depotanteil zu investieren, alle diese Titel können und sollten Sie als Einzeltitel kaufen. Was bleibt dann noch für Fonds übrig? Zum Beispiel Spezialitäten wie Afrika, vielversprechende Region, aber Sie werden kaum in der Lage sein, wie Jim Rogers dort mit dem Motorrad vorbeizufahren oder persönlich vorzusprechen wie Mark Möbius, der Experte für Schwellenländer.

Aber Sie können nachdenken über den ETF von Lyxor, Lyxor ETF Pan Africa Actions, aufgelegt im Mai 2009, der bislang eine fulminante Entwicklung durchgemacht hat. Das verwundert nicht, weil er zu 35 % in Rohstoffe, zu 22 % in Finanzdienste und ansonsten wesentlich in Südafrika, Ägypten und Marokko investiert. Als ETF wird kein Ausgabeaufschlag erhoben, die Managementgebühr liegt bei 0,65 %, was viel ist für einen ETF, der Fond ist ausschüttend. In Afrika würde ich es mir nicht ohne Weiteres zutrauen, eine Einzelaktie auszusuchen, daher würde ich auch die erhöhte jährliche Managementgebühr in diesem speziellen Fall akzeptieren.

Max Otte, Professor an der Fachhochschule in Worms, hat zwei interessante Bücher geschrieben, das eine mit dem Titel *Der Crash kommt* und das nachfolgende *Investieren statt sparen*. Er spricht von Königsaktien und versucht die in seinen Augen »besten« Aktien der Welt ausfindig zu machen. Er landet bei ähnlichen Titeln wie soeben aufgeführt. Zu Recht führt er an, dass ein Markenname für ein Unternehmen wichtig ist, wie bei McDonald's, und einen riesigen Wettbewerbsvorteil bietet, hier gegenüber dem Mitbewerber Burger King.

Ähnliches gilt für die klassischen Rivalen Coca-Cola versus Pepsi Cola. Der Markenname Coca-Cola gilt als wertvollster Markenname der Welt. Der Konkurrent Pepsi reicht nicht ansatzweise an Coca-Cola heran, wobei Pepsi derzeit alles daransetzt, um aufzuholen. Weltmarktführer ist man üblicherweise deshalb, weil die Hausaufgaben besonders gut gemacht wurden. Begrenzend ist hier allenfalls die »Marktdurchdringung«: Wenn schon alle Märkte erobert sind, wenn schon alle Plätze besetzt sind, wohin soll ein Unternehmen dann noch wachsen? Das Unternehmen tritt dann in eine Reifephase ein, was für weitere Erträge keineswegs schlecht sein muss.

Otte führt noch einige weitere Titel auf, die er für besonders vielversprechend hält. Zu seinen Empfehlungen gehört zum Beispiel das Rhön-Klinikum – ein Titel, den ich in Ordnung finde, der meines Erachtens jedoch meist schlicht zu teuer gehandelt wird, oder Microsoft, dem ich deshalb reserviert gegenüberstehe, weil ich die IT-Welt für sehr veränderlich halte und rasche Veränderungen mir möglich erscheinen – jedenfalls eher vorstellbar als bei einem Nahrungsmittelkonzern wie zum Beispiel Nestlé. Das Gleiche gilt für United Internet: Solche Titel können über die Maßen gut laufen, Sie sollten aber über ausreichende Fachkenntnisse verfügen, um sie angemessen einschätzen zu können. Auch die hier ebenfalls empfohlene Deutsche Post oder eine Allianzaktie sehe ich von ihrer Historie als nicht besonders erfolgversprechend an. Wobei wir ehrlicherweise festhalten müssen, dass Überraschungen in jeder Richtung immer möglich sind. Das ist ja auch der Grund für reichliche Diversifikation.

Als Privatanleger ist Ihre Zeit begrenzt und Sie werden auch noch Zeit für anderes aufwenden wollen. Wenn mehr Zeit eine deutlich bessere Rendite brächte, sollten Sie diese Zeit auch investieren. Allerdings wird es uns als Privatanlegern nicht ohne Weiteres möglich sein, Bilanzen mit solcher Expertise zu lesen, wie das wünschenswert wäre – da machen wir uns besser gar nichts vor. Tatsächlich ist es nicht von so großer Bedeutung, ob Sie sich bei Öl für Exxon oder Royal Dutch oder bei Pharma für Novartis oder Roche entscheiden. Viel wichtiger ist die Tatsache, dass Sie investiert sind und dass Sie über Branchen und Regionen diversifiziert sind. Anmerkung: Bei multinationalen Konzernen wie Nestlé, Procter&Gamble, GE und anderen haben Sie schon von vornherein eine angenehm breite Aufstellung. Manche Investoren wie der Stuttgarter Aktienclub sehen damit ein hinreichendes Engagement sowohl im asiatischen Raum wie auch in den aufstrebenden Märkten als gegeben an.

In der breiten Öffentlichkeit ist der Glaube an »Stockpicking« weit verbreitet. Am Stammtisch erzählt es sich einfach besser, wenn einer sagen kann »Ich habe diese kleine Firma XY entdeckt, noch bevor alle draufkamen, deren Kurs seitdem explodiert ist.« Tatsächlich ist es ja nicht so einfach, Microsoft oder McDonald's ganz früh zu entdecken. Uns mit begrenztem Zeitvolumen wird das noch schwerer fallen. Auf Prospekten von Fonds oder anderen Anbietern macht es immer einen gute Eindruck, wenn ein Mann mit ernster Miene in der Gegend herumsteht und mit

Sorgenfalten Ölfelder oder sonst was betrachtet. Es ist meist die reine Show – die wichtigen Dinge erfahren Sie aus den Zahlen.

Wenn Sie gelegentlich über Ihr Depot nachdenken und Überlegungen anstellen, dann treten Sie einen Schritt zurück und betrachten Sie regelmäßig das Gesamtdepot und weniger die einzelne Aktie. Wenn – was unvermeidlich vorkommt – eine Ihrer Aktien aufgrund einer fürchterlich schlechten Nachricht zusammenbricht, dann verlieren Sie einen kleinen Teil Ihres Vermögens, bei entsprechender Diversifikation selten mehr als 1 bis 2 %. Ausgesprochen selten kommt es vor, dass eine Firma ganz von der Bildfläche verschwindet – allerdings mussten wir das bei Enron und Worldcom miterleben. Gekniffen waren hauptsächlich diejenigen, die bei Enron arbeiteten und obendrein noch vorwiegend Aktien ihrer Firma gebunkert hatten: ein schlicht nicht vertretbares Klumpenrisiko!

Also: Nehmen Sie Ihr Depot ernst, aber nicht so ernst, dass Sie deshalb Sorgenfalten bekommen. Wenn Sie die Marktrendite erhalten und einige schlechte Risiken vermeiden, dann wird das Ergebnis schon ganz ordentlich.

Eine Warnung muss ich an dieser Stelle aussprechen: Viele der oben angeführten Titel halte ich selber. Böse Zungen könnten behaupten, dass ich durch ausführliches Besprechen dieser Titel deren Kurs beeinflussen könnte und diese dann mit Gewinn verkaufen könnte. Das ist ja die übliche Masche von manchen Börsenabenteurern, die genau das machen, wenn sie ausführlich über einen solchen »Pennystock« berichten, mit dem sie sich vorher eingedeckt haben.

Seien Sie jedoch versichert, dass bei den angeführten Large Caps wie Nestlé, GE, HSBC und vergleichbare unser Einfluss schlicht nicht zählt.

Bei gering kapitalisierten Titeln wie einer Marseille-Klinik, einer TUI, einer Fielmann-Aktie oder einer Ahlers-Aktie (manchmal als Dividendenperle des SDax bezeichnet) könnte das schon eher zutreffen. Seien Sie also nicht nur bei mir, sondern mehr noch bei anderen Börsenautoren besonders vorsichtig, wenn über Titel mit geringer Marktkapitalisierung berichtet wird. Es könnte das Eigeninteresse des Autors eine Rolle spielen!

Bezüglich des Eigeninteresses sei weiter angemerkt, dass Autoren deutlich glaubwürdiger sind, wenn sie eigenes Geld einsetzen und sich auch tatsächlich am Markt bewegen und dessen Höhen und Tiefen hautnah aushalten müssen. Das bringt Ihnen wahrscheinlich mehr an Erkenntnissen und Erfahrung, als wenn höchst theoretisch über die Kapitalmärkte aus volkswirtschaftlicher Sicht von jemandem geschrieben wird, der kein eigenes Geld eingesetzt hat und noch niemals Verlusten und der kritischen Ehefrau ins Auge sehen musste.

Rechnen Sie auch immer damit, dass hin und wieder an den Märkten ein »Schwarzer Schwan« auftaucht – wie von Nicholas Taleb so schön beschrieben, der alles über den Haufen wirft, was über die Börsen geschrieben ist und alle Prognosen zu reiner Makulatur verkommen lässt. Zu beachten ist dabei jedoch immer auch die Tatsache, dass andere Anlageklassen trotz allem eben doch nicht besser sind und die relative Sicherheit guter Titel hoch ist.

4 Anlageformen

Aktienfonds

»Der Oktober ist einer der besonders gefährlichen Monate, um in Aktien zu spekulieren. Die anderen gefährlichen Monate sind Juli, Januar, September, April, November, Mai, März, Juni, Dezember, August und Februar.«
Mark Twain

Dieser Spruch gilt für den Privatanleger wie auch für Fonds. Kurzfristige Bewegungen sind an den Märkten schlicht nicht prognostizierbar, langfristige dagegen schon.

Von Warren Buffett kommt die Bemerkung: »Frag nie deinen Friseur, ob du einen neuen Haarschnitt brauchst.« Analog dazu können Sie sagen: »Frag nie einen Fondmanager, ob du einen Fond benötigst:« Und am besten auch keinen Bankberater, weil das Agio bei aktiv gemanagten Fonds erheblich ist.

Es gibt mittlerweile einige Tausend Fonds. Sie zu überblicken ist schwieriger als die etwa 100 bis 200 Firmen weltweit, die für einen Privatanleger meines Erachtens vorwiegend infrage kommen. Es muss einen Grund haben, wenn es so viele Fonds gibt. Der naheliegende Grund ist nicht unbedingt *Ihr* Wohlergehen, sondern das des Fonds. Die Gebührenstruktur ist dergestalt, dass der Fonds auf jeden Fall profitiert, Sie nur unter Umständen. Betrachten Sie die Ausgabeaufschläge und die jährlichen Managementgebühren, dann hat sich die Frage eigentlich schon erledigt. Und die hohen Gebühren sind auch der Grund für die immer mehr nachgefragten Indexfonds, die mit einem Bruchteil der Gebühren auskommen und genau aus diesem Grund in der Mehrzahl besser abschneiden als die aktiv gemanagten.

Fonds kommen für Sie trotzdem und eigentlich nur dann infrage, wenn Sie eine Region für interessant halten, über die Sie keine zuverlässigen Informationen erhalten, etwa China, Südamerika, Osteuropa, Afrika etc. Oder aber Bereiche, auf denen Sie nicht firm sind, vielleicht Biotechnologie, Nanotechnologie oder dergleichen.

Denken Sie immer daran, dass die Performance der Fondsmanager meist schlechter ist als die des Index. Der Fonds muss seinen teuren Ausgabeaufschlag bis zu 6 % und die jährliche Managementgebühr meist in der Größenordnung von 1 bis 2 % verdienen. Dazu kommt der weitere Nachteil, dass Fondsmanager gezwungen sind, kurzfristige Erfolge vorzuweisen, was im Prinzip schwierig ist.

An der Börse werden Sie nicht über Nacht reich, sondern der Zeitfaktor spielt die größte Rolle. Fondsmanager fühlen sich zu Aktionismus verpflichtet, das verhagelt regelmäßig die Performance und kostet unnötige Gebühren.

Fonds sollten Sie als Beimischung verstehen. Wenn überhaupt, können Sie über einen weltweit anlegenden Fond wie zum Beispiel den Templeton Growth Fund oder den DWS Vermögensbildungsfonds nachdenken. Etwas besser stellen sich Stillhalterfonds, die aber bisher kaum angeboten werden. Der Stillhalter gewinnt immer. Vertrauen hätte ich zum Beispiel in den von Gottfried Heller gemanagten Fond der FIDUKA, München, der in größerem Maßstab solche Stillhaltergeschäfte durchführt. Hier könnten Sie vielleicht mit einem überschaubaren Betrag einsteigen. Früher musste mit großen Volumina gehandelt werden, Stillhaltergeschäfte waren daher hauptsächlich Sache der Banken, die sehr genau wussten, was sie da taten.

Bis vor Kurzem werden als Krone der Schöpfung sogenannte Dachfonds angeboten. Die Initiatoren behaupten, dass sie an Ihrer Stelle unter der großen Zahl von Fonds auswählen und dann nur die besten ins Körbchen tun. Wenn die meisten Fonds schon die Benchmark nicht erreichen, gilt das erst recht für die Dachfonds, bei denen ja eine weitere Kostenebene und weitere Verwaltungsgebühren anfallen. Dachfonds haben erwartungsgemäß in der Entwicklung enttäuscht, wenn die Einzelfonds nicht gut sind, dann sind es auch nicht die Dachfonds. Lassen Sie die Finger davon!

Ein weiteres Problem von Fonds entsteht mit deren zunehmender Größe. Wenn ein Fonds größer wird, verringert sich die Zahl der Aktien, die für diesen als Kaufobjekte infrage kommen. Auch ein Fonds wird beispielsweise wegen Übersichtlichkeit und Diversifikation nur eine begrenzte Anzahl von Aktien, sagen wir mal 50 bis 100 verschiedene, halten wollen. Bei einem verwalteten Vermögen von 1 Milliarde Dollar macht das pro Position 20 bis 40 Millionen Dollar aus. Wenn der Fond durch Wertsteigerung und Zuflüsse auf 50 Milliarden anwächst, würde eine Position zirka 1 Milliarde betragen. Eine einzelne Beteiligung an einer Firma soll nach Möglichkeit weniger als 5 % betragen, da ansonsten lästige Formvorschriften eingehalten werden müssen. Für den Fonds wird es schwieriger zu kaufen und zu verkaufen, da bei Bewegung großer Volumina der Kurs beeinflusst wird.

Der Fond muss sich also zwingend an sehr große und liquide Titel halten müssen, seine Auswahl an möglichen Kauf- und Verkaufsobjekten wird durch die schiere Größe eingeschränkt, was zulasten der Performance gehen kann. Sie müssen verinnerlichen, dass mit der Größe eines Fonds dessen Performance tendenziell leiden wird, weil seine Flexibilität geringer wird und bei kleinen Firmen nicht genügend Kapital »abgeladen« werden kann. Im Zuge einer Diversifizierung wäre es ja wünschenswert, neben Large Caps auch weniger stark kapitalisierte Firmen zu halten, weil je nach Marktlage eben mal groß oder weniger groß kapitalisierte Titel besser laufen. Genau diese Diversifizierung kann der Fonds dann nicht mehr bringen, weil er schlicht zu groß geworden ist. Deshalb machen ja auch manche Fonds dicht, will heißen, sie nehmen keine neuen Anleger mehr auf, weil sie genau diesen Punkt erreicht haben. Mit anderen Worten: Wenn der Fond zu groß ist, besteht die Gefahr, dass die Performance leidet, ist er aber zu klein, dann sind die »Bodensatzkosten« zu hoch. Die Mühe, einen Fonds optimal auszuwählen, erscheint daher eher noch größer, als sich eine gut gemischte Sammlung von soliden Aktien ins Depot zu legen.

Das gegenteilige Problem existiert auch: Speziell vor Einführung der Abgeltungsteuer sind »noch schnell« viele neue Investmentfonds aufgelegt worden – mit dem schlagenden Argument, der Abgeltungsteuer noch ein Schnippchen schlagen zu können. Besondere Flexibilität und damit eine besonders gute Performance wurde bei den oben erwähnten Dachfonds behauptet. Sehr zum Missfallen der Initiatoren sind die Anleger nicht in Scharen herbeigeströmt – mit der unliebsamen Folge, dass viele dieser neuen Konstruktionen ein kritisches Anlagevolumen von an die 50 Millionen Euro dummerweise nicht erreicht haben. Damit wird der Anteil von laufenden Kosten – Bodensatzkosten – zu hoch und die gewiss nicht billigen Fonds verteuern sich weiter. Ohne großes Getöse werden diese Fonds in vielen Fällen dichtgemacht oder mit einem anderen Fonds fusioniert. Der Kunde hat dabei nichts zu melden. Weiteres Pech für den Kunden: Wenn der Fonds liquidiert wird, dann droht steuerliches Ungemach, wenn keine 12 Monate verstrichen sind: Der Fonds, der zur Vermeidung von Steuern gekauft wurde, wird damit zur Steuerfalle. Insgesamt kein Ruhmesblatt für die Fondsbranche.

Die erheblichen Kosten vieler Fonds sind mit verantwortlich für deren oft miese Performance. Weil die meisten Fonds schlechter sind als der Index, weil ein Fonds zusätzlich noch seine eigenen Kosten verdienen muss, sollten Sie diese Schiene etwas zurückhaltender fahren. Es ist ein sehr hoher Preis, den Sie dafür bezahlen, sich um nichts kümmern zu müssen.

Fonds-Rankingtabellen, wie sie regelmäßig in Finanzzeitungen vorgestellt werden, sind wertlos, weil die Gruppe der bisherigen Outperformer ihren Erfolg in darauffolgenden Perioden selten systematisch wiederholen kann. Fonds, die in der Vergangenheit eine gute Performance aufwiesen, hatten womöglich lediglich Glück und haben unter Umständen ein höheres Risiko in Kauf genommen.

Unter anderem müssen sich die aktiv gemanagten Fonds zwei weitere Fragen gefallen lassen:

1. Schützen sie Sie vor Betrügern wie Bernard Madoff? Über viele Jahre hat es Madoff geschafft, sein Schneeballsystem vor seinen Investoren zu verbergen. Auch Manager von Investmentfonds haben bei ihm an-

gelegt – zu traumhaft waren die ausgewiesenen Renditen, die vom Geld neuer Anleger bezahlt wurden. Von Madoff wird berichtet, dass er selbst erstaunt war, wie lange sich sein System halten konnte. Schließlich kam ihm die SEC auf die Schliche. Im Gefängnis – so wird berichtet – sei er ein umgänglicher und freundlicher Zeitgenosse, was nicht verwunderlich ist, da er dort wohl den Rest seines irdischen Lebens verbringen wird und er gut beraten ist, sich gut aufzuführen.
Madoff war im Dezember 2008 aufgeflogen und hatte sich im März schuldig bekannt, ein gigantisches Schneeballsystem betrieben zu haben. Damit soll er Anleger um bis zu 65 Milliarden US-Dollar geprellt haben. Ende Juni 2009 wurde er zu einer Haftstrafe von 150 Jahren verurteilt.
Insbesondere Hedgefonds sind eher das Gegenteil von dem, was ihr Name impliziert: Weder ist deren Vermögen sicher noch ist es zuverlässig angelegt. Während aktiv gemanagte Fonds doch immerhin ihre Positionen einigermaßen offenlegen, sind viele Hedgefonds in Wirklichkeit eine »Black Box« mit unbekanntem Inhalt. Eigentlich sollte man meinen, dass deren Aktivitäten weniger werden und Anleger vorsichtiger geworden sind. Am Beispiel des jüngst im November 2009 aufgeflogenen Dachfondmanagers Helmut Kiener aus Aschaffenburg erkennen wir, dass weiterhin umtriebige Manager Geld veruntreuen. Im Fall des 50-jährigen Helmut Kiener sollen über seinen 600 Millionen Dollar schweren Dach-Hedgefonds selbst Großbanken, die von der Materie etwas verstehen sollten, um dreistellige Millionenbeträge geprellt worden sein. Sitz dieser Gesellschaft sind die British Virgin Islands, ein Firmensitz also, der Ermittlungen nicht gerade vereinfacht.

2. Sind die Manager von – selbstverständlich gut gemanagten Fonds – in der Lage, Wendepunkte der Markentwicklung früh genug zu erkennen? Nichts ist ja einfacher, als Trends in die Zukunft zu extrapolieren und fortzuschreiben. Das hat schon der Autor und Aachener Physikprofessor Wilhelm Fucks versucht, der Thesen für den Club of Rome aufstellte und dabei völlig auf die Nase gefallen ist. Noch im Jahr 1963 zitierte die *Newsweek* einen berühmten Chirurgen mit den Worten: »Bei den meisten Menschen fördert das Rauchen die Gesundheit.« So viel nur zu den prognostischen Fähigkeiten auch von berühmten Zeitgenossen. Die wahre Kunst besteht jedoch darin, Änderungen rechtzeitig zu erkennen und Situationen eben weder zu

optimistisch noch zu pessimistisch einzuschätzen. Das erfordert weit mehr Differenziertheit und ist schwieriger als Schwarz-Weiß-Malerei. Auch hierbei können die meisten der mehr als 5000 aktiv gemanagten Investmentfonds eben nicht punkten. Vielmehr sind diese vielfach dem Mainstream verhaftet und können nicht ohne Weiteres so antizyklisch agieren, wie das wünschenswert wäre, auch wenn das in ihren Hausprospekten gern anders dargestellt wird. Wir wissen, dass auch und gerade Fondsmanager bei Titelauswahl und Markttiming Zwängen unterliegen, an denen sie nicht vorbeikommen. So neigen die meisten Manager dazu, gegen Jahresende noch etwas »Window Dressing« zu betreiben, damit Anleger sich nicht beschweren, wenn keine gerade in Mode befindlichen Titel im Fonds repräsentiert sind.

TGF (Templeton Growth Fund)

Jahrelang war der TGF das Sinnbild für einen erfolgreich gemanagten Aktienfond. Gegründet von John Templeton, der im Jahr 2008 in seiner Wahlheimat Nassan, Bahamas verstorben ist, war dieser Fonds eine Erfolgsgeschichte. Dieses Bild hat sich gewandelt, vielleicht dürfen wir das der neuen Managerin Cindy Sweeting nicht einmal zu sehr anlasten, die wahrscheinlich gute Arbeit leistet. Bisher ist sie aber nicht in der Lage, den Markt so sehr »outzuperformen«, dass ein Engagement hier wirklich zwingend wäre. Wenn sie gerade eben mal die Marktrendite schafft, dann werden Sie davon wenig haben, weil hohe Ausgabeaufschläge und eine vergleichsweise hohe Managementgebühr die Rendite kräftig nach unten drücken. Aufgrund seiner schieren Größe kann der Fonds eigentlich nur in große Werte investieren wie etwa Pfizer, Microsoft, Oracle, GE und vergleichbare. Ohne jeden Zweifel sind das vorwiegend solide Substanzaktien. Aber gerade bei diesen Large Caps urteilt der Markt ausgesprochen effizient und viel mehr als die Marktrendite wird da kaum zu holen sein, auch wenn Sie mit einem weltweit gestreuten Portfolio an soliden Titeln beteiligt sind. Wenn der Fonds aber nur in solchen Titeln investiert ist, werden Sie keine nennenswerte Mehrrendite einfahren können, da die tatsächliche Rendite dann bei der Marktrendite minus erhebliche Kosten liegen wird.

Damit soll das Lebenswerk von John Templeton nicht geschmälert werden, der mit seinem Value-Investment-Ansatz viele Jahre sehr erfolgreich war.

Von ihm stammt der berühmte Satz: »Die Hausse entsteht aus dem Pessimismus, wächst mit der Skepsis, reift durch Optimismus und stirbt an der Euphorie. Hat der Pessimismus sein Höchstmaß erreicht, so ist Zeit zu kaufen, und herrscht maximaler Optimismus, so verkauft man am besten.« (Februar 1994)

Diese Erkenntnis ist zeitlos, und wer diese im März 2009 oder in 2003 angemessen berücksichtigt hätte, wäre damit sicher gut gefahren. Wir erinnern uns, dass ein vergleichbarer Kursrückgang wie in 2008 nur im Schreckensjahr 1929 beobachtet wurde. Mittlerweile – Jahresmitte 2010 – ist die Stimmung am Markt wieder besser, die Märkte sind gestiegen, Schnäppchen werden weniger und damit ist Stockpicking aufwendiger geworden. Dennoch wollen wir derzeit noch nicht von einer ausgemachten Euphorie sprechen, zudem sind Alternativen zu soliden Aktien noch kaum erkennbar.

Indexfonds

»Wer die gleichen Aktien kauft wie alle anderen,
hat auch die gleiche Performance!«
John Templeton

Wenn die Performance der Markrendite entspricht, muss das nicht schlecht sein, wenn Sie jedoch Überrenditen erzielen wollen, welche die Marktrendite übertreffen sollen, dann wird es deutlich anstrengender.

Aus Amerika schwappt eine neue Fondswelle zum alten Kontinent herüber, deren Heilsversprechen sehr vollmundig ist: Ausgehend von der eher schwachen Performance der meisten aktiven Fonds werden heftig Indexfonds und entsprechende Zertifikate propagiert.

Tatsächlich gehen im Vergleich zu aktiv gemanagten Fonds die Indexfonds meist als Sieger hervor. Es lohnt sich zum Thema Indexfonds das ausgezeichnete Büchlein von John C. Bogle (*Keine Investment-Zauberformel*), dem Gründer der bekannten Vanguard Gruppe, zu lesen. Es beginnt mit dem Satz: »Erfolgreiche Geldanlage ist einfach, aber nicht leicht ...« Er schlägt vor, einen Indexfonds, der das Gesamtmarktportfolio hält, zu kaufen und diesen für IMMER zu behalten.

Damit enthält das Portfolio viele Aktien, welche die Gesamtperformance eines beliebigen Finanzmarktes oder Sektors nachbilden. Beseitigt ist damit das Risiko einzelner Aktien, das Risiko einzelner Marktsektoren und das Risiko der Managerwahl. Übrig bleibt nur das Aktienmarktrisiko, das ja immer noch groß genug ist. Als Investor bekommen Sie damit den Ertrag des Aktienmarktes bei minimalen Kosten. Nach Bogle senken die anfallenden Kosten die Gewinne der Gewinner und vergrößern die Verluste der Verlierer, und wenn Sie bei manchen Fonds auf die jährlichen Kosten schielen, werden Sie viele finden, deren Kosten deutlich über 1 % liegen und die einen beträchtlichen Teil der Gewinne auffressen. Das ist der große Vorteil der Indexfonds: Abgesehen von Spezialitäten liegen deren Kosten deutlich tiefer.

Als Folge dessen wird bis heute das Angebot an diesen passiven Anlageprodukten immer größer. Profis und Privatanleger schätzen Indexfonds wegen ihrer niedrigeren Kosten. Dieser Fondstyp ist so beliebt geworden, dass der mittlerweile eingetretene Boom und die Fülle des Angebotes die Auswahl erschweren.

Zum Jahresende 2009 sind in dieser Anlageform weltweit rund 900 Milliarden Euro gebunkert, allein in Deutschland sind zirka 500 verschiedene Produkte zugelassen. Dieser Boom macht es für Sie als Privatanleger unter Umständen schwieriger, das richtige Produkt zu finden, denn auf Ihren Bankberater können Sie hier kaum zählen: Die niedrigen Gebühren der Indexfonds sind für Sie attraktiv, nicht aber für die Bank und deren Berater. Vertriebsprovisionen fallen kaum an, die jährlichen Managementgebühren sind gering. Die Bank wird Sie kaum aktiv auf diese Fonds verweisen.

Das Prinzip der Indexfonds wird jedoch konterkariert, wenn in diesem Bereich vermehrt komplexe Produkte auf den Markt gebracht werden. Von Short- und Hebelvarianten sollten Sie genauso die Finger lassen wie von ETFs, die sehr spezielle Nischenthemen abdecken. Der Fonds sollte des Weiteren auch eine gewisse Größe besitzen: 25 Millionen Euro sollte der Fonds schon stark sein, damit die Gefahr gering wird, dass dieser

Fonds vom Markt genommen wird. Dieses Minimalvolumen wird bei sehr speziellen Nischenfonds schon mal nicht erreicht – mit der Folge, dass diese Fonds wieder aufgelöst werden. Damit ist dann zwar kein Geld in den Sand gesetzt, weil enthaltene Aktien Sondervermögen sind, das Ihnen gehört – das Geld ist also nicht verloren wie bei manchen Zertifikaten, bei denen ein Emittentenrisiko besteht. Seit dem Fall von Lehmann mussten wir schmerzlich erfahren, dass dieses Risiko nicht nur theoretisch eintreten kann, sondern dass in einem solchen Fall das Geld weg ist.

Gern wird in diesem Zusammenhang das Experiment der Forbes-Redakteure in New York angeführt, bei dem einer von ihnen einen Dartpfeil auf den Kurszettel des *Wall Street Journal* wirft und auf diese Weise eine zufällige Auswahl von Aktien trifft. Dieses hypothetische »Dartportfolio« wird verglichen mit dem S + P 500 Aktienindex und schlägt 96 % (!) von vergleichbaren, aktiv gemanagten US-Investmentfonds. Dieser Vergleich wurde angeblich über 17 Jahre durchgeführt und ergab im Übrigen eine Durchschnittsrendite von 9,5 % pro Jahr. Dieses Experiment gilt auch als Beweis für einen »effizienten« Markt.

Unterm Strich heißt das, dass die Märkte in entwickelten Ländern bei Titeln mit einer gewissen Marktkapitalisierung so effizient sind, dass alle denkbaren Gesichtspunkte bereits im Preis einer Aktie enthalten sind.

Auf den Punkt gebracht formuliert Gerd Kommer in seinem lesenswerten Buch *Souverän investieren mit Indexfonds* »die Finanzmärkte sind so effizient, dass alle Wertpapiere zu jedem Zeitpunkt genau den Preis haben, der ihrem korrekten Wert entspricht. Diese Effizienz rührt daher, dass weltweit Millionen von Wertpapieranalysten, Investoren und anderen Marktbeobachtern 24 Stunden an sieben Tagen die Woche das Marktgeschehen beobachten, analysieren und darauf reagieren.«

Wenn Finanzmärkte so effizient sind, wie kann es dann zu Spekulationsblasen kommen oder zu einem »irrationalen Überschwang« wie es Robert Shiller in seinem gleichnamigen Buch dargestellt hat? Und wie können Aktienmärkte in einem Crash von einem Tag auf den anderen 20 bis 30 % an Wert verlieren? Hat sich ihr Wert wirklich so stark verändert oder sind die effizienten Märkte in solchen Situationen doch kräftig aus dem Tritt gekommen? Spielen Herdentrieb und Psychologie doch wenigstens hin und wieder eine starke Rolle? Und dürfen effiziente Märkte so stark schwanken?

Die Aussage über die Effizienz der Märkte steht damit eher im Einklang mit den Aussagen der Investmentlegende Warren Buffett. Warren Buffett ist von der Effizienz der Märkte weniger überzeugt als die Redakteure von Forbes. Offenbar sind die Märkte zumindest nicht immer effizient, die allgemeine Börsenstimmung spielt auch eine Rolle.

Aber weil Aktien beziehungsweise deren Unternehmen von so vielen Leuten so kritisch beäugt werden, sind Verfehlungen, wie sie auf dem grauen Kapitalmarkt bei Immobilienfonds, unseriösen Windkraftbeteiligungen, Filmfonds oder Beteiligungen jedwelcher Art gang und gäbe sind, im Aktienbereich zumindest unwahrscheinlicher.

Es ergibt sich die interessante Konstellation, dass die »Assetklasse«, die allgemein als unsicher und volatil angesehen wird, in Wirklichkeit vergleichsweise sicher scheint, vielleicht noch sicherer als das Engagement in einer Währung, sprich im Sparbuch, das zwar nominal seinen Wert behalten kann, aber durch Inflation und Steuern ausgehöhlt wird. Jedenfalls scheint die relative Sicherheit im Vergleich zu Währungen, Gold, Immobilien nicht schlechter. Berücksichtigt man noch die Inflation, dann ist das ein weiteres Argument für die Aktie, weil Firmen im Gleichklang mit der Inflation nicht immer, aber oft auch ihre Preise anpassen können.

Wegen der günstigeren Gebührenstruktur und der Tatsache, dass Sie immer wenigstens so gut wie der Markt sind, ist die Beimischung eines Indexfonds sinnvoll. Die Anlage in Indexfonds wird offenbar immer beliebter: Nach Gerd Kommer (*Souverän investieren mit Indexfonds, Indexzertifikaten und ETFs*) sind in den USA bereits im Jahr 1999 rund 45 % aller neuen Fondsmittel in Indexfonds geflossen.

Der gleiche Gerd Kommer zitiert in seinem Buch den Wirtschaftsjournalisten Jonathan Clements wie folgt:

»Ich glaube, die Suche nach Outperformer-Aktien ist ein inzwischen intellektuell völlig diskreditiertes Unterfangen, das eines Tages als eine der großen finanziellen Dummheiten des späten zwanzigsten Jahrhunderts gelten wird.«

Und damit stehen Sie jetzt vor der Wahl, sich entweder selektiv für ausgesuchte Papiere zu entscheiden oder doch gleich für einen ganzen Markt.

Da wir bei diesem Streit nicht die letzte Entscheidung treffen wollen und können, werden wir beiden Theorien etwas Raum geben müssen.

Sie wissen ja schon ziemlich genau, was garantiert schädlich ist: planloses Herumzocken, starker Aktionismus, kurzfristige Betrachtungsweise etc.

Wenn Sie sich für einen Indexfond entschließen, müssen Sie überlegen, an welchem Index Sie partizipieren wollen. Sie müssen Entscheidungen fällen, an welchen Indizes, am Dax, am Eurostoxx, am Dow Jones, am S + P 500 oder einem anderen Index, Sie sich beteiligen wollen.

Sie müssen sich die Entscheidung aber auch nicht zu schwer machen: Tendenziell gehen die meisten Aktienmärkte nach oben, wenn nicht sehr schwere Verwerfungen, Kriege, extreme steuerliche Belastungen oder Ähnliches auftreten. Das heißt, die Börse ist eben kein Nullsummenspiel, sondern ein Plussummenspiel, bei dem alle gewinnen können, wenn menschliche Tugenden wie Fleiß und Tüchtigkeit durch staatliche Systeme nicht zu sehr ausgebremst und Menschen nicht zu sehr schikaniert werden.

Indexfonds werden es schwer haben, gegen ein Kartell der Finanzpresse und der ganzen Finanzbranche anzurennen: Ein Indexfonds ist eine einfache Kiste und es ist nicht vorstellbar, mit diesem Thema wöchentlich oder monatlich Hefte und Magazine zu füllen. Storys über Indexfonds sind ungefähr so interessant wie der Inhalt von Telefonbüchern.

Publikumswirksamer und besser verkäuflich ist es, von den Zukunftsaussichten neuer Technologien und neuer Firmen zu schwärmen, Visionen an die Wand zu malen und sich rechtzeitig zu entfernen, wenn der Luftballon platzt.

Und damit noch ein letztes Wort von Peter Lynch, berühmter Fondsmanager, zum Thema Börsenexperten in einem Interview 1990:

> »Privatanleger denken von den sogenannten Professionals, die hätten alle möglichen Vorteile. Das ist totaler Quatsch. Viele von denen wären besser dran mit einem Indexfonds.«

Damit ist hoffentlich etwas von dem Lack ab, mit dem viele aktiv gemanagte Fonds sich gern anmalen. Es sollte insbesondere deutlich werden, dass Fonds auch nicht unbedingt besser sind als Sie selber. Sie haben die Wahl, ob Sie einen sehr bequemen und durchaus rentablen Weg gehen über einen Indexfond oder aber einen teureren aktiv gemanagten bevorzugen, aber dann welchen aus den vielen Tausenden? Welches Land, welche Strategie, welches Thema oder darf es vielleicht ein Mischfonds sein, bei dem nach einem garantiert schlauen und selbstverständlich unverständlichen Computermodell die todsichere optimale Mischung von Aktien und Anleihen jederzeit hergestellt wird?

Oder Sie machen sich doch in aller Ruhe mit einigen Titeln etwas vertraut und landen wahrscheinlich auch ordentliche Treffer. Sie müssen ja nicht jedes Mal Erfolg haben, sondern nur bei den meisten Titeln. Das wird vermutlich ausreichen für eine ordentliche Gesamtperformance.

Privatanleger versus Professionelle – Indexing

»Ein kostengünstiger Indexfonds ist für die große Mehrzahl der Anleger die klügste Aktienanlage.«
Warren Buffett

Wir befinden uns auf dem Markt in Konkurrenz mit professionellen Anlegern. Es wäre vermessen, zu glauben, dass wir in deren unmittelbarer Konkurrenz bei gleicher Aufgabenstellung besser dastehen.

Wir müssen sehr genau überlegen, welche Optionen uns als Privatanlegern verbleiben – an einigen grundsätzlichen Überlegungen kommen wir nicht vorbei.

1. Wenn wir nicht mehr wissen als der »Markt«, können wir bestenfalls die Marktrendite erzielen. Diese Rendite ist nicht schlecht, wenn wir darauf achten, dass diese meist anständige Rendite nicht durch überflüssige Kosten (Beschaffungskosten, Provisionen, Verwaltungskosten, Depotkosten etc.) aufgefressen wird. Eine »Überrendite« erzielen wir nur, wenn wir in einem Bereich mehr wissen und klüger sind als der Markt. Das wird nur selten der Fall sein.
2. Wir können allerdings auch dann punkten und oft eine Überrendite erzielen, wenn wir uns antizyklisch und gegen die Marktstimmung verhalten. Von Kostolany kommt die Aussage, dass der Markt zu 90 % Psychologie ist. Das korrespondiert mit der uralten Erfahrung, dass der Jubel in Jubelzeiten regelmäßig zu heftig und unangebracht ist, das Gegenteil trifft aber auch zu: Wenige Dinge können Börsianer schlechter wegstecken als Unsicherheit und schlechte Nachrichten. Unternehmen werden in solchen Situationen regelmäßig zu hart abgestraft – wir denken an die BSE-Krise, die verschärfte Hygienerichtlinien für Arztpraxen hinterlassen hat, die aber sonst vergessen ist, die SARS-Krise – kennt man die überhaupt noch? Seinerzeit hat die BSE-Krise eine wunderbare Einstiegsgelegenheit für McDonald's-Aktien geboten.
   Vielleicht ist die aktuelle Bankenkrise ähnlich zu bewerten, seit dem Tief jedenfalls haben sich auch Bankentitel wieder stark erholt – von Ausnahmen abgesehen wie eine RBS, die Royal Bank of Scotland, die jetzt größtenteils im Staatsbesitz ist oder eine ING, die ebenfalls staatliche Unterstützung in Anspruch nahm, diese aber zurückzahlen will und daher die Dividende für einige Zeit streichen will.
3. Einer der größten Fehler, die wir als Privatanleger machen können, besteht darin, dass wir Moden folgen. Solche Moden sind an der Börse genauso anzutreffen wie im gesellschaftlichen Leben. Mode wird auch sonst im Leben (zu) teuer bezahlt – nicht anders an der Börse.
   Wenn wir in »Themen« investieren, die en vogue sind, zum Beispiel Neuer Markt, China, BRIC-Staaten, »Wasser« – nach dem Motto »bald kostbarer als Öl«, neue Energien, Ethikinvestments, Photovoltaik etc.,

> dann müssen wir davon ausgehen, dass wir Privatanleger die Letzten sind, die von wirklich wichtigen und kursbedeutenden Details erfahren. Das Thema ist »durch«, die Preise sind längst zu hoch und es ist nur eine Frage der Zeit bis das nächste Thema durchgerührt wird.

Wenn wir außerstande sind, mehr zu wissen als der Markt, müssen wir uns mit der Marktrendite zufrieden geben. Diese ist nicht schlecht, sie beträgt bei einem vernünftig diversifizierten Depot sehr vorsichtig gerechnet an die 6 % plus/minus etwa 2 % bei langem Anlagehorizont – besser als bei den meisten alternativen Anlageformen. Investieren wir in aktiv gemanagte Investmentfonds, dann werden wesentliche Teile der Marktrendite durch viel zu hohe Kosten aufgefressen: Oft werden Ausgabeaufschläge von mehr als 5 % berechnet, dazu kommen noch Managementgebühren zwischen 1 und 2 % p.a. Die aktiven Fonds mit großen Anlagevolumina sind ja »der Markt« – sie können in der Regel nicht besser sein als »der Markt«, es sei denn, sie verfolgen exotische Strategien, die wiederum erhebliche Risiken beinhalten werden.

Dafür, dass zirka 80 % der aktiv gemangten Fonds nicht in der Lage sind, eine entsprechende Benchmark zu schlagen, sind diese Gebühren zu hoch. Die hohen Gebühren sind auch der Grund dafür, dass es einige Tausend solcher Fonds gibt.

Damit ergeben sich klare Konsequenzen für uns als Privatanleger: Das Depot muss wie ein Stein im Keller liegen – ausgebuffte Börsianer sprechen davon, dass »Geld an der Börse mit Sitzfleisch verdient wird«. Damit kann man doch eigentlich gut leben!

Eine weitere Konsequenz kann sein: In Bereichen, in denen wir nicht kundig sind, ist es eine sinnvolle Strategie, auf möglichst breit aufgestellte Indexfonds zu setzen, die einen kompletten Markt weitgehend abbilden.

Achtung: Kein Bankberater wird uns in diese Anlageform drängen! Warum auch? Der Ausgabeaufschlag solcher breit aufgestellter Indexfonds liegt meist bei null, die jährliche Managementgebühr zwischen 0,2 und 0,5 % des Anlagevolumens p.a. Die Bank verdient wenig, der Berater würde seinen eigenen Job gefährden.

Breit aufgestellte Konzerne wie J&J, GE, Colgate, Nestlé, Procter & Gamble, Microsoft, HSBC u.a. sind uns geläufig, wir können über diese Konzerne ausreichend viel erfahren und können bei diesen »Dickschiffen« davon ausgehen, dass sie nicht immer, aber meist vom Markt zutreffend bewertet werden.

Sollte jemand von uns keine Lust haben, Börsenkolumnen zu lesen oder sich anderweitig mit Anlagevehikeln zu beschäftigen, dann ist Indexing eine gute Alternative. Mit der allergrößten Wahrscheinlichkeit wird man besser sein als der überwiegende Teil der aktiv gemanagten Fonds. Es ist ein ziemlich aussichtsloses Unterfangen, die rund 10 bis 20 % der aktiv gemanagten Fonds zu finden, die ihre Benchmark schlagen.

Mit breiten Indexfonds auf den DJ Eurostoxx 600 oder DJ Euro Stoxx 50, den S&P 500 und den MSCI Welt-Index hat man Zeit, auch andere Facetten des Lebens wahrzunehmen … Vom Wirtschaftsnobelpreisträger Paul Samuel kommt der Spruch »Indexfonds sind so interessant, wie der Farbe beim Trocknen zuzuschauen.«

Aktienanleihen – Derivate – Carry Trades

»Der Broker liebt den Spieler,
aber seine Tochter möchte er ihm nicht zur Frau geben.«
André Kostolany

Solche Äußerungen des Altmeisters sprechen für die solide Geldanlage.

Wer immer Aktien als Wette auf eventuelle künftige Kursgewinne versteht, muss bei Aktienanleihen den Wettcharakter deutlich stärker sehen. Bei der Aktienanleihe wird zwar regelmäßig ein Zins bezahlt, der höher ist als der Marktzins. Von einem möglichen Anstieg des Kurses profitieren Sie jedoch überhaupt nicht, dagegen tragen Sie ein Risiko bei einer eventuellen Unternehmensinsolvenz (eher unwahrscheinlich, kommt aber vor, wie wir gesehen haben) und ein weiteres Risiko, wenn der Kurs ein bestimmtes Niveau unterschreitet. In diesem Fall bekommen Sie nicht Ihr eingesetztes Kapital zurück, sondern meist eine vorher festgelegte Anzahl von Aktien des betreffenden Unternehmens. Etwaige Dividenden behält die Bank ein – Sie müssen davon ausgehen, dass ein solcher Deal ein sicheres Geschäft für die Bank ist, die gar kein Risiko eingeht und zusätzlich Dividenden vereinnahmt, und dass das eigentliche Risiko bei Ihnen abgeladen wird. Wir sollten davon ausgehen, dass die Bank besser rechnet als wir, sie rechnet auf jeden Fall im eigenen Interesse, nicht in unserem.

Die Konsequenz kann nur heißen: Bei einer soliden Aktie kaufen Sie besser gleich die entsprechende Aktie.

Ähnliches gilt auch für Derivate. Es sind Wetten, die vor der Finanzkrise ins Kraut geschossen sind, die Chancen stehen regelmäßig gegen Sie.

Ein weiterer »todsicherer Tipp«, besonders in Zeiten eines schwachen Dollars, sind die beliebten Carry Trades: Sie verschulden sich dabei in einer Währung, sagen wir dem Dollar, die mit Wahrscheinlichkeit nachgeben wird. Wenn der Dollar nachgibt, könnten Sie später noch Geld dem schlechten Geld hinterherwerfen und damit Schulden ablösen. Das ist besonders dann interessant, wenn die Zinsen niedrig sind oder gehalten werden. Gleichzeitig kaufen Sie umgehend mit diesem Geld Anlagen, die ebenso wahrscheinlich einen Wertzuwachs erfahren werden. Beim weiteren Kursverfall des Dollars können Sie mit Gewinnen rechnen – so die reine Theorie. Wenn der Dollar um 20 % fällt und Ihre Anlagen um diesen Betrag steigen, dann wirken Sie wie ein Genie, das Geld erfindet.

In Wirklichkeit sind auch solche Carry Trades eben keine Selbstläufer und unterliegen einem gehebelten Risiko. Durch den Zustrom von erheblichen Geldern in beliebige Anlagen könnte und wird deren Preis erheblich ansteigen und eine weltweite Vermögensblase erzeugen. Sollte der Dollar früher oder später doch wieder aufwerten, dann fallen diese Konstruktionen in sich zusammen wie Kartenhäuser. Schon jetzt wirkt von der Kaufkraftparität der Dollar zu billig respektive der Euro zu teuer. Das wird derzeit offenbar von den USA gern gesehen, weil damit deren Entschuldung leichter fällt und die eigenen Exporte begünstigt werden. Aber ebenso früher oder später werden Anleger die vermeintliche Sicherheit des Dollars wieder einmal suchen und eine Dollar-Ralley auslösen, von der Kaufkraftparität ist diese Entwicklung ohnedies überfällig.

Ein Indiz für die Wechselhaftigkeit von Währungen ist zum Beispiel die Tatsache, dass Sie, wenn Sie jemals in Hongkong sein sollten und dort ein Konto aufmachen wollen, gefragt werden, ob Sie Ihr Geld automatisch in chinesische Yuan wechseln wollen: Der Hintergrund für diese Frage ist die Erwartung, dass die chinesische Währung früher oder später nach oben drehen wird. China will ja seine Währung künstlich billig halten, um seine eigenen Exporte zu fördern, und kauft deshalb immer noch »über die Maßen« Dollars, um den Dollar möglichst hoch zu halten. Die Frage ist aber, wie lange die Chinesen dieses Spiel noch werden spielen können. Es besteht daher eine gewisse Wahrscheinlichkeit, dass irgendwann die chinesische Währung gegenüber dem Dollar aufwertet.

Die oben erwähnte unterschiedliche Kaufkraftparität ist groß: In China gibt es zwei Hamburger für den Preis eines US-Burgers.

Für diese verschobene Realität spricht auch der Big-Mac-Index. Dieser Index wurde 1986 von der US Zeitschrift *The Economist* geprägt. Bei diesem Index werden einmal jährlich die Hamburgerpreise rund um den Globus verglichen. Zugrunde liegt die Idee, dass identische Güter wie eben der Big Mac überall auf der Welt in etwa gleich viel kosten müssten. Aus den unterschiedlichen Big-Mac-Preisen kann man einen Hinweis erhalten, ob die jeweilige Währung eher über- oder unterbewertet ist. So kostet ein Big Mac gegen Ende 2009 in den USA 3,57 USD, in der Schweiz dagegen 6,43 USD, im Euroraum 4,95 USD. Von der Kaufkraftparität scheint daher der Dollar unterbewertet im Vergleich zu den Währungen in China, der Schweiz und dem Euroraum. Auch wenn die Amerikaner den Dollar aus nachvollziehbaren Gründen gern noch tiefer sehen würden, besteht grundsätzlich eine Tendenz zur Annäherung, das heißt, allen Unkenrufen zum Trotz hat der Dollar eben auch Aufwertungspotenzial.

Schon Kostolany sagte zum Dollar »Fallen kann er, steigen muss er…« Bei langfristigen Betrachtungen zum Dollar, wie sie zum Beispiel Ken Fisher angestellt hat, ist es wahrlich kein Gesetz, dass der Dollar immer weiter fällt, auch wenn diese Ansicht von Warren Buffett gern vertreten wird.

Im Übrigen wird sich ein schwacher Dollar eher günstig für Ihre Aktien auswirken als ein starker.

Im November 2009 kam es zur Dubai-Krise, einem »Schwarzen Schwan« der arabischen Staaten: Was niemand – wie immer – für möglich gehalten hatte, trat ein. Das ehemalige Boom-Emirat Dubai bat um Aufschub seiner Schuldenzahlungen. Anleger befürchteten den größten Zahlungsausfall seit 2001, als Argentinien seine Staatsanleihen nicht mehr bedienen konnte. Ebenfalls wie immer zeigten sich nicht nur in der unmittelbar betroffenen Region Auswirkungen, sondern Fernwirkungen gingen weit darüber hinaus: Sieben der zehn aktivsten Währungen in Asien rutschten ab, weltweit brachen die Aktienmärkte ein. Dubai hat seine zweistelligen Wachstumsraten in der Zeit von 2004 bis 2008 über weite Strecken auf Pump finanziert und sich Geld von zahlreichen internationalen Banken geliehen. Logischerweise kamen auch zahlreiche Aktien unter Druck wegen der Befürchtung, dass arabische Investoren ihre Aktienpakete auflösen, um sich Geld zu beschaffen. Besonders getroffen wurden daher Titel wie Porsche, Volkswagen und Daimler, weil die Emirate Katar, Abu Dhabi und Kuwait beteiligt sind. In Mitleidenschaft gezogen wurde auch die Aktie der Deutschen Bank. Profitiert haben indes europäische Staatsanleihen, die als »sicherer Hafen« von den Ereignissen profitierten.

Es lohnt sich, solche Abstürze von Aktien, die fundamental gut dastehen, genau zu betrachten. Wenn die Firmen in Ordnung sind und der Kurs aus den genannten Gründen abschmiert, dann können solche Situationen eine gute Gelegenheit für einen günstigen Einstieg bieten.

Fazit: Die Imponderabilien und damit die Risiken bei derlei Aktivitäten sind noch unüberschaubarer. Als Privatanleger sollten Sie nicht ohne Not bei Währungsspekulationen einsteigen.

Immobilien

Buchstäblich jeder Vermögensberater wird Ihnen sagen, dass beim Vermögensaufbau Immobilien dazugehören. Wahrscheinlich ist das sogar richtig. Überlegen Sie trotzdem sehr sorgfältig, ob Immobilien Ihrem Temperament entsprechen: Immobilien sind schwerfällig, kaum liquide und es trifft zu, dass Sie bei Immobilien weder ordentliche Renditen erwarten können, noch - obwohl Eigentümer - nennenswerte Rechte haben. Natürlich können Sie Ihre Rendite erheblich aufpeppen, wenn Sie profimäßig agieren. Dann müssen Sie aber so stark in der Materie drin sein, dass für anderes kaum noch Raum bleibt.

Wenn das politische Umfeld es erforderlich erscheinen lässt, kann der Staat Immobilien so hoch besteuern wie es politisch opportun erscheint. Immobilien müssen wegen der großen Finanzvolumina meist fremdfinanziert werden, damit sind Sie mit einer weiteren Imponderabilie belastet.

Es ist Unsinn, wenn behauptet wird, dass Immobilienpreise immerzu nur steigen und Immobilien »etwas Sicheres« seien. Das Gegenteil erleben wir seit einigen Jahren bei rückläufiger Bevölkerungszahl in Deutschland! Immobilienpreise schwanken nicht weniger als Aktienpreise, der Unterschied besteht nur darin, dass Sie die Preise nicht in der Zeitung nachlesen können, weil der Markt nicht vergleichbar liquide ist. Die aktuelle Immobilienkrise in den letzten Jahren zeigt nachdrücklich, dass Crashs nicht auf Aktienmärkte beschränkt sind und Immo-Märkte genauso treffen können - wir denken mit Grausen an die Schieflagen besonders von geschlossenen Immobilienfonds, die viele gutgläubige Anleger in die Insolvenz getrieben haben. Und mit Erstaunen mussten viele Anleger zur Kenntnis nehmen, dass auch offene Immobilienfonds, die als besonders zuverlässig galten, »unerwartet und plötzlich« keine Verkaufsorders mehr zuließen - der Anleger kam nicht an sein Geld! Diese Verhaltensweise wird zwar als Schutz für den Anleger schöngeredet, nichtsdestoweniger kratzen solche Vorgänge am Lack der so sicheren Anlageprodukte. Bei der Aktie bekommen Sie im Gegensatz dazu immer einen Preis gestellt, allerdings kann dieser auch mal im Keller sein.

Auch wenn über Jahrzehnte hinweg Immobilienpreise immer nur gestiegen sind, deutet einiges derzeit auf eine Trendumkehr: Die Bevölkerungszahl nicht nur in der BRD, sondern in vielen entwickelten Gesellschaften ist rückläufig. Steigende Immobilienpreise sind nun mal eher bei steigender Bevölkerungszahl zu erwarten. Argumentiert wird dann gern, dass der Wohnraumbedarf wächst. Größere Wohnflächen können wiederum nur bei steigenden Einkommen bezahlt werden.

Ein starkes Argument für Immobilien war in früheren Jahren ein eher inflationäres Umfeld. Sie konnten sich wegen einer Immobilie hoch verschulden und mit großer Sicherheit davon ausgehen, dass das Betongold allein durch die Inflation kräftig an Wert gewinnen würde. Gleichzeitig durfte man zu Recht davon ausgehen, dass die Mieteinnahmen tendenziell ansteigen würden.

In einem stabilen oder eher deflationären Umfeld kehrt sich dieser Effekt ins Gegenteil und kann Sie in erhebliche Schwierigkeiten bringen. Wenn Sie eine fremdgenutzte Immobilie hoch finanzieren und Mietausfälle oder Mietminderungen verkraften oder einen Mietnomaden aushalten müssen, kann Ihnen das erhebliche Bauchschmerzen bereiten.

Wenn früher bedenkenlos zu einer 90-prozentigen oder wie in den USA sogar zu einer Vollfinanzierung gegriffen wurde, war das damals schon riskant und ist auch heute ein gefährliches Unterfangen. Wertsteigerungen, früher selbstverständlich, sind allenfalls in Toplagen zu realisieren.

Lediglich die selbst genutzte Immobilie hat ihren eigenen Charme. Zwar wäre es rentabler, zur Miete zu wohnen und ein eigenes Haus zu vermieten, aber es ist ganz »nett«, im eigenen Haus oder in der eigenen Wohnung zu wohnen und von einem Hausbesitzer unabhängig zu sein.

Wenn man überhaupt der Wohnimmobilie einen gewissen Stellenwert zuweisen darf, dann nicht wegen deren Rendite, die eher schlecht ist. Aber eine Wohnimmobilie erzwingt wegen der regelmäßig damit verbundenen Finanzierung ein gewisses Sparverhalten, Sie werden als Eigentümer zum Konsumverzicht animiert beziehungsweise sehr nachdrücklich angehalten. Würden Sie das gleiche Geld in Aktien investieren, könnten Sie nach der gleichen Zeit mit sehr hoher Wahrscheinlichkeit mit einem höheren Endvermögen rechnen.

Nach dem bereits mehrfach zitierten Gerd Kommer beträgt der langjährige Wertzuwachs von Wohnimmobilien zwischen 0 und 1 %. Ein Immobilienkauf ist gegenüber der Miete nicht unbedingt die bessere Alternative: Wenn man mietet anstatt kauft, kann man eingespartes Geld deutlich gewinnbringender in Aktien anlegen, damit Dividendeneinkünfte erzielen und von Wertsteigerungen profitieren.

So hat Kommer in seinem neuesten Buch *Die Buy-and-Hold-Bibel* aufgeführt, dass die Preise deutscher Wohnimmobilien in den letzten 33 Jahren im Schnitt um NULL % angestiegen sind, weiter zurückgehende Angaben sind nicht verfügbar. In den USA, wo Aufzeichnungen 56 Jahre zurückreichen, ist ein inflationsbereinigter Anstieg von gerade mal 0,7 % p.a. festzustellen.

Bei einem langfristigen Vergleich (letzte 40 Jahre) von Hauspreisen (USA) mit dem Weltaktienindex ist auf Sicht von 40 Jahren bei den Hauspreisen ein Vervielfachungsfaktor von 1,16 festzustellen, was einer Jahresrendite von 0,37 % entspricht, bei der Aktienentwicklung (Aktien Welt) ein Vervielfachungsfaktor von 7,6 %, was einer Jahresrendite von 5,2 % inflationsbereinigt entspricht (Quelle: Gerd Kommer, *Die Buy-and-Hold-Bibel*).

Dagegen rentieren nach Kommer gute Aktienindizes auf Sicht und nach 109 Jahren mit 5,2 % p.a. durchschnittlich. Das ist immer noch weniger, als die meisten Anleger glauben, die manchmal davon überzeugt sind, dass man an der Börse »über Nacht« reich wird. Das ist sicher nicht der Fall, aber die niedrige Rendite muss zum Anlass genommen werden, ein rigides Kostenmanagement durchzuführen: Transaktionskosten, Depotkosten, Management-Fee, Performance-Fee und Berechnung von »Basisleistungen« müssen intensiv auf den Prüfstand und nach Möglichkeit vermieden werden. Depotkosten fallen in der Regel bei Direktbanken nicht an. Eine jährliche Management-Fee ist bei den üblichen schwachen Leistungen eine Zumutung, ebenso eine Performance-Fee, wohingegen bei Verlusten ja nichts zurückerstattet wird. Die Transaktionskosten bei Direktbanken sind dagegen minimal.

Zwangsläufig werden Sie sich bei einer Immobilie auf eine Fremdfinanzierung einlassen (müssen), was im Aktienbereich für Sie als Privatanleger eine Todsünde ist. Damit Sie bei immer wieder vorkommenden unvermeidlichen Kursrückgängen nicht die Nerven verlieren, werden Sie auf keinen Fall finanzieren. In einer solchen Situation kann ein Kursrückgang mal Bauchschmerzen oder etwas Ärger verursachen, Sie aber nicht existenziell in Schwierigkeiten bringen.

Immer haben Sie mit der Immobilie einen »Riesenklotz« am Bein, und wenn Sie doch mal »klamm« sind, tun Sie sich schwer, davon Teile oder auch alles zu veräußern.

Für den Verkauf Ihrer Aktienpakete oder einen Teil davon genügen ein Telefonanruf in der Bank oder einige Mausklicks im Internet.

Sind denn dann Immobilienaktien eine denkbare Alternative? Sie sind es, weil sie über den Vorteil verfügen, dass zumindest jederzeit ein Preis über die Börse gestellt wird. Dieser Preis kann in Abhängigkeit von der Konjunktur sehr bescheiden sein, andererseits können sich derartige Preisrückgänge als günstige Einkaufsgelegenheiten erweisen.

Bei Immobilienaktien denken wir an Titel wie:

> Deutsche EuroShop, die 16 Einkaufscenter europaweit betreibt und eine ordentliche, in den letzten Jahren nicht zu versteuernde Dividende ausschüttet
> Deutsche Wohnen
> IVG
> GAGFAH

Bei den Immobilienaktien ist der Verschuldungsgrad einer Gesellschaft von Bedeutung: Wenn die erwirtschafteten Erträge eben gerade für die Bedienung der Kapitaldienste ausreichen, bleibt für Anleger nichts oder wenig übrig oder es müssen lästige Kapitalerhöhungen zu Ihren Lasten durchgezogen werden. So liegt die Fremdkapitalquote der IVG in 10/2009 bei rund 80 %, bei der Deutschen Wohnen und bei der GAGFAH bei über 70 %, bei der Deutschen EuroShop immerhin noch bei 55 %.

Interessant ist die Tatsache, dass diese Aktien einen kräftigen Abschlag zu ihrem sogenannten NAV (Net Asset Value) aufweisen. Als normal gilt ein Abschlag von etwa 10 % zum NAV, dieser Abschlag ist zum Jahresende 2009 deutlich höher.

Lebensversicherungen

Lebensversicherungen als Baustein für den Vermögensaufbau sind begrenzt sinnvoll. Sie können so lange begrenzt sinnvoll sein, wie sie vom Gesetzgeber gefördert werden. Das bedeutet, ab einer Mindestlaufzeit von 12 Jahren bei unveränderten Bedingungen ist das Ergebnis steuerfrei. Angefallene Zinserträge müssen nicht versteuert werden. Wenn es Ihnen gelungen ist, eine Lebensversicherung mit geringen weichen Kosten (zum Beispiel Cosmos oder Hannoversche) zu finden, dann ist eine Lebensversicherung als Baustein für das Vermögen überlegenswert. Im deutschsprachigen Raum gelten die eben genannten Versicherungen als besonders leistungsstark.

Die Nettorendite einer Lebensversicherung wurde früher mit 6 bis 7 % angegeben. Diese Zahlen sind heute Makulatur, weil auch Versicherungen nur dann gute Auszahlungen leisten können, wenn sie erfolgreich gewirtschaftet haben. Viele Versicherungen haben bis 2003 am Aktienmarkt angelegt, um hohe Ablaufleistungen erwirtschaften zu können. Mit dem Crash mit Tiefpunkt in 2003 konnten diese Leistungen nicht mehr aufrechterhalten werden. Im Gegenteil, Versicherungen mussten größere Aktienpakte verkaufen, um flüssig genug zu bleiben, und haben damit den Preisverfall bei Aktien noch beschleunigt. Das allgemeine Renditeniveau ist heute deutlich niedriger, Versicherungen werden kaum noch das Niveau von früher halten können. Daraus ergibt sich die Frage, ob Sie wirklich Ihr Geld für viele Jahre so fest binden wollen.

Auf Versicherungen will ich hier nicht näher eingehen, weil ich den Schwerpunkt anders setze.

Aufteilung Aktien und Anleihen

»Der Analytiker denkt und die Börse lenkt.«
André Kostolany

Immer wieder wird über die Aufteilung von Aktien und Anleihen diskutiert, wobei der Tenor vorherrscht, dass mit zunehmendem Lebensalter der Anteil von Anleihen überwiegen soll. Wie oft ist auch dies kein zwingendes Gebot: Je nach Temperament und persönlicher Situation können Sie das auch anders sehen und auch die allgemeine Börsensituation mit ins Kalkül ziehen.

Als konservativer Anleger werden Sie »selbstredend« ausschließlich in erstklassige Aktien und/oder Anleihen investieren. Junkbonds wie auch Junkanleihen haben im Depot nichts verloren, außer wenn Sie mal einen Nervenkitzel brauchen, wofür andere Gelegenheiten sich besser eignen.

Ein vernünftiger Ansatz erscheint eine 50/50-Aufteilung. Wenn Sie jünger sind, macht es Sinn, den Aktienanteil zu erhöhen bis auf etwa 70 %, als Älterer, etwa über 40 Jahre, können Sie Anleihen etwas höher gewichten. Wenn Sie über einen extrem großen Aktienbesitz verfügen, die Dividendenrendite Ihrer Titel hoch ist und Sie von den Dividenden gut leben können, und wenn Sie außerdem bereit sind, ständig »am Ball zu bleiben«, dann – und nur dann – dürfen Sie den Aktienanteil noch höher fahren.

Nach der Auffassung von Ken Fisher, einem der größten Vermögensverwalter der Welt, sollte Ihr Aktienanteil ab etwa einem Vermögen von 300.000 Euro und mehr auch im höheren Lebensalter ganz vorwiegend aus Aktien bestehen. Konkret könnte das bedeuten: Wenn im Alter von 60 + eine auskömmliche Basisrente vorhanden ist und dazu ein gewisses Cash-Polster, dann kann der Rest durchaus aus einem gut gemischten Aktienportfolio bestehen. Sie sollten nicht unbedingt darauf angewiesen sein, in Notzeiten auf »Biegen und Brechen« zu verkaufen. Wenn Sie notfalls von dieser Basisrente und etwas Cash leben und auf bessere Zeiten warten können, werden Sie sich anschließend am Aufschwung erfreuen, der bisher so regelmäßig kam wie der nächste Frühling.

Anleihen sind nicht unbedingt sicherer als Aktien. Besonders lang laufende Anleihen verlieren bei inflationärem Umfeld gewaltig, bei mittelfristigen Anleihen müssen Sie bei ansteigenden Zinsen auch bis zum Ende der Laufzeit durchhalten, um keine Verluste zu erleiden. Höhere Zinsen erhalten Sie bei Anleihen mit fraglicher Bonität, Auslandsanleihen beispielsweise oder Unternehmensanleihen. Der geringfügige Mehrerlös rechtfertigt häufig nicht das deutlich höhere Risiko.

Es ist Temperamentsache, ob Sie sich langfristig oder kurzfristig binden wollen. Die Entwicklung der Zinsen ist ähnlich schwer einzuschätzen wie die Entwicklung der Aktienmärkte. Es gilt das Bonmot von Mark Twain:

»Prognosen sind schwierig, besonders wenn sie die Zukunft betreffen.«

Ökoinvestments

Ökoinvestments sind ehrenwert, stehen aber nichtsdestoweniger unter dem Diktat der Rentabilität.

Es besteht die Gefahr, dass die guten Absichten von weniger guten Menschen missbraucht werden. Bei extrem sorgfältiger Auswahl der Titel könnte sich gestiegenes Umweltbewusstsein günstig auswirken.

Manchmal finden Sie Ökotitel da, wo Sie sie am wenigsten vermuten: So ist ein großer Investor und Entwickler im Bereich der Solarenergie und auch von alternativer Energie der Ölkonzern Royal Dutch, ein weiterer BP, British Petrol, E.ON investiert große Summen in die Offshore-Windtechnologie und will zusammen mit der Munich Re das Projekt DESERTEC voranbringen – und hier können Sie ohne großes Risiko investieren.

Es ist eine unbestrittene Tatsache, dass, global gesehen, die Umweltstandards erhöht werden müssen. Diese Erkenntnis ist so unumstritten, dass sich viele Menschen in diesem Bereich gern engagieren wollen. Da die Welt aber nicht nur aus »Gutmenschen« besteht, müssen Sie sehr aufpassen, dass Naivität und Blauäugigkeit nicht missbraucht werden.

Wenn Sie auf der sicheren Seite bleiben wollen, dann investieren Sie in Titel wie oben genannt: Einer Ölfirma ist es ziemlich egal, ob sie vom Verkauf von Öl oder von Solarzellen profitiert. Bei entsprechendem politischem Druck und bei entsprechendem Nachfrageverhalten werden umweltfreundliche Produkte ohnedies favorisiert.

Neuemissionen

»Die meisten neuen Aktien werden bei ›günstigen Marktbedingungen‹ verkauft. Das bedeutet günstig für den Verkäufer, ungünstig für den Käufer.«
Benjamin Graham

Der angelsächsische Begriff für Neuemission ist IPO = Initial Public Offering, von bösen Zungen allerdings übersetzt mit: »It's probably overprized.« Natürlich wurden auch erfolgreiche Firmen wie Coca-Cola, GE und andere irgendwann an die Börse gebracht und machten ihre Zeichner zu Millionären. So hätten 1000 Dollar, investiert in Microsoft im Jahr 1986 bis zum Jahr 2000, rund 240 000 Dollar gebracht. Aber werden Sie einigermaßen früh die späteren Gewinner identifizieren können? Tatsächlich sollten Sie das Auffinden solcher erfolgreicher Titel als eine Art Lotterie verstehen – in manchen Fällen wird ein Jackpot geknackt, die meisten Mitspieler verlieren dagegen. Über Microsoft oder McDonald's wird gesprochen, die Verlierer, die zur gleichen Zeit an den Start gingen, kennt man nicht einmal mehr. Das Risiko bei IPOs ist ungeheuer viel größer als eine Investition in Firmen, die sich am Märkt bewährt haben – Sie werden in der Regel auf die Nase fliegen und eben keine Microsoft oder McDonald's in der frühen Phase finden.

Sie kaufen bei einem IPO vielmehr die Katze im Sack und müssen davon ausgehen, dass die beteiligten Banken den Kurs eher zu weit oben als unten ansetzen. Es ist reine Spekulation und oft vom Prinzip Hoffnung getragen, auf den günstigen Kursverlauf eines Newcomers zu setzen. Hin und wieder können Sie sich einen »technischen Kauf« überlegen.

Als die Telekomaktie auf den Markt gebracht wurde und jeder nur ein reduziertes Kontingent kaufen konnte, war es ausnahmsweise sinnvoll, sich auf kurze Zeit zu beteiligen. Es war absehbar, dass die gute Stimmung noch etwas anhalten würde, geschürt durch die beteiligten Parteien und durch die Politik. Noch klüger war es damals schon, wenige Tage (!) später zu verkaufen, ähnlich wie bei Infineon. Es war erkennbar, dass ein langweiliger, ineffektiver Staatsbetrieb nicht auf die Schnelle die Qualität eines Rennpferdes entwickeln würde.

Im Nachgang können Sie am Segment des Neuen Marktes erkennen, welcher Schmu betrieben wurde. Firmen, bei denen gerade mal und bestenfalls eine Geschäftsidee geboren war beziehungsweise die sich in den allerersten Anfängen befanden, wurden von der allgemeinen Stimmung hochgejubelt, bis es dann nach dem Kurssturz im März 2001 zum großen Katzenjammer kam.

Es müssen extrem gute Gründe vorliegen, sich für eine Neuemission zu erwärmen. Und Ihre Hausaufgaben müssen Sie in einem solchen Fall besonders gut machen. Obwohl kleinere Aktien – Small Caps – auf lange Sicht bei größerer Volatilität bessere Ergebnisse bringen als große, sind damit solche gemeint, die sich schon einige Zeit in der rauen Wirklichkeit bewährt haben. Warum also so viele Vorschusslorbeeren für blutige Anfänger?

Etwas Kritikfähigkeit trauen auch die Emittenten den Käufern zu. Daher besteht immer die Gefahr, dass eine besonders attraktive Story aufgebaut wird nach dem Motto: »Buy the rumour, sell the fact.«

Passen Sie auf, dass Sie keiner Fata Morgana auf den Leim gehen, und machen Sie sich klar, dass bei einer Erstemission die Manager und das Unternehmen selbst ihre Aktien zu einem guten Preis verhökern wollen, sie haben primär das Interesse ihrer Firma im Auge, nicht das Ihre.

Klar ist, dass das Unternehmen kostenlos Geld bekommt, für das es bei der Bank einiges an Zinsen bezahlen müsste. Da dies die einzige Gelegenheit für ein Unternehmen ist, sich Geld zu besorgen – mit Ausnahme einer von den Anlegern ungeliebten Kapitalerhöhung –, muss diese Karte heftig ausgereizt werden. Die überwiegende Zahl von Neuemissionen fällt unter den Ausgabepreis!

Die Banken spielen bei diesem Spiel nur zu gern mit, da sich dabei erhebliche Gewinne einfahren lassen.

Sparpläne

Solche Pläne werden Ihnen regelmäßig angeboten und sind theoretisch auch gut. Obwohl sehr schematisch, sorgen sie für den sogenannten Cost-Average-Effekt, bei dem zu tiefen Kursen mehr Titel und bei hohen entsprechend weniger gekauft werden.

Der Effekt von Cost-Average-Verfahren ist umstritten. Ein Grund besteht darin, dass bei den dann relativ kleinen Anlagebeträgen die Transaktionskosten zu hoch sind im Vergleich zu einer Einmalanlage. Auf jeden Fall ist Cost-Averaging ein Segen für die Makler, weil die Courtagesätze bei kleinen Paketen höher sind. Sowohl Ken Fisher wie auch Michael Rozeff von der University of Buffalo haben gezeigt, dass Cost-Averaging den Risiko- und den Ertragscharakteristika eines Portfolios schadet. Die Methode ist gut für die Psychologie des Anlegers, weil es die Möglichkeit eines einzigen großen Fehlers zu minimieren scheint.

Ken Fisher wörtlich: Ohne Cost-Average sind Sie besser dran, auch wenn Ihnen das gegen den Strich geht.

Infrage kommt Cost-Average ohnedies nur für Leute mit geregeltem sicheren Einkommen, Beamte, Angestellte etc.

Ich persönlich rate auch nicht unbedingt zu und finde es besser, sehr regelmäßig Geld zu investieren, das nicht unmittelbar gebraucht wird und das vorhanden ist. Wenn Ihre Frau beschließt, dass ein neues Auto notwendig ist, würde ich nicht den Ehefrieden gefährden, um den Sparplan zu erfüllen. Vorhandenes Geld würde ich einigermaßen unverzüglich investieren, aber wegen eines Sparplanes sollten Sie nicht in die Miesen kommen.

Dividenden

»Die Bedeutung von Dividenden für den Vermögensaufbau von Investoren liegt klar auf der Hand. Dividenden stellen nicht nur Inflation, Wachstum und die Auswirkung wechselnder Bewertungsniveaus in den Schatten, sondern auch die kombinierten Auswirkungen dieser Faktoren.«
Robert Arnott

Aktien, die gute Dividenden abwerfen, bringen oft auch überdurchschnittliche Renditen. Wenn in Baissephasen der Aktienkurs stärker sinkt als die Dividende, dann steigt die Dividendenrendite und damit auch die Rendite des Gesamtportfolios. Wir denken explizit an die Aktie von Philip Morris: Der Titel hat im letzten halben Jahrhundert mit die höchste Rendite aller ursprünglich im S&P vertretenen Aktien erreicht: Trotz aller Rechtsstreitigkeiten hat Philip Morris regelmäßig satte Dividenden bezahlt – ein Ende dieser Politik ist auch heute im Jahr 2010 nicht abzusehen.

Nach Warren Buffett sollte eine Firma ihren Gewinn möglichst vollständig wieder investieren, und wenn die Firma effektiv wirtschaftet, dann müsste sich dieses Vorgehen im Kurs widerspiegeln und letztlich eine höhere Rendite bringen als eine Ausschüttung des Gewinnes.

Die von Buffett kontrollierte Firma Berkshire Hathaway hat nur ein einziges Mal seit ihrem Bestehen im Jahr 1967 eine Dividende von gerade mal 10 Cent ausgeschüttet und seither nie wieder. Dennoch oder vielleicht deswegen gehört Berkshire Hathaway zu den Aktien mit der besten Wertentwicklung, tatsächlich hat Buffett viele zu Millionären gemacht, die es vorher nicht waren und in seine Firma investiert haben. Nach der »reinen Lehre« ist das zutreffend. Wenn die Firma gut läuft und solide Gewinne erwirtschaftet werden, ist es im Prinzip besser, den Gewinn in die Firma zu stecken. Das ist jedenfalls dann angebracht, wenn Manager regelmäßig so sorgfältig und überlegen wirtschaften würden wie Buffett.

Nach Jeremy Siegel schaffen Dividenden Vertrauen zwischen Aktionären und Managern. Als Beispiel führt Siegel die Firma Enron an, die in den USA zu einem der größten Energiehändler wurde und vor dem Absturz zu den 50 größten Unternehmen in den USA zählte. Schlussendlich wurde bekannt, dass Enron Bilanzfälschung betrieb, Bücher fälschte und nicht vorhandene Gewinne deklarierte. Dividenden sind – so Jeremy Siegel – eine altmodische Art, nachzuweisen, dass reale Gewinne vorhanden waren. Dividenden verkörpern reale Gewinne.

Für Sie als Anleger, der Sie vielleicht nicht ganz die Kenntnisse eines Warren Buffett mitbringen und möglicherweise auch nicht die Zeit haben, sich ganztägig mit dem Thema Börse zu befassen, ist die ausgeschüttete Dividende ein sehr bequemer Hinweis auf die Bonität einer Firma. Nur ein Hinweis, nicht mehr! Eine Firma wird regelmäßig ihre Dividende erhöhen, wenn es ihr wirtschaftlich gut geht und sie in der Lage ist, ihr operatives Ergebnis zu steigern. Mit dem Gewinnwachstum werden bei Blue Chips wie zum Beispiel Nestlé, Bayer, Philip Morris, GE, McDonald's regelmäßig die Dividenden mitwachsen.

Aber Achtung: Auch hier gibt es Rosstäuscher, Firmen, die mit »letzter Kraft« eine Dividende herbeizaubern, um noch ein paar Aktionäre bei der Stange zu halten.

Solche Tricks werden Sie erkennen bei großen, marktbreiten Titeln, über die das *Handelsblatt* und die *Financial Times* regelmäßig berichten. Bei kleineren Klitschen werden Sie unter Umständen zu spät davon erfahren.

Wenn Ihre Zeit begrenzt ist und Sie die Zeit für Recherchen und Nachverfolgung »Ihrer« Firmen nicht immer aufbringen können, dann sollten Sie wenigstens feststellen und mitbekommen, was mit Ihrer Dividende läuft. Eine Dividendenabsenkung oder gar deren Ausfall ist ein schlechtes Omen.

Im Übrigen ist die Dividende ein schönes Taschengeld, das man ohne Gewissensbisse ausgeben kann, denn in aller Regel ist die ausgeschüttete Dividende meist nur der kleinere Teil eines Gewinns der Aktie. In vielen Fällen wird lediglich etwa ein Drittel oder die Hälfte des Ergebnisses pro Aktie als Dividende ausbezahlt. Bei europäischen Firmen wird meist einmal pro Jahr – oft im Wonnemonat Mai – die Dividende ausbezahlt, bei amerikanischen häufig viermal pro Jahr, sofern überhaupt eine Dividende ausgeschüttet wird. Technologielastige Firmen zahlen oft keine Dividende, weil sie unterstellen, dass sie selbst eine höhere Rendite erwirtschaften.

Traditionell hohe Dividenden werden zum Beispiel gezahlt von (Stand 09/2006):

Endesa	5 %
HSBC	4,4 %
Philip Morris	4,2 %
Aegon	3,3 %
Royal Dutch	2,8 %
Deutsche Telekom	8 %
Telefonica	6 %
Johnson & Johnson	3 %

dagegen

Microsoft	0 %
Amgen	2,86 %
EMC	0 %

Technologiekonzerne und Firmen, die sich als innovativ verstehen, tendieren dazu, auf eine Ausschüttung ganz zu verzichten. Sie gehen davon aus, dass sie eine bessere Rendite erwirtschaften als der Markt, was sich letztlich im Kurs ausdrücken sollte. Früher war ein eventueller Kurszuwachs ein weiteres starkes Argument, das – leider – mit Einführung der Abgeltungsteuer relativiert wurde.

Aber Achtung: Die schönste Dividende taugt nichts, wenn der Aktienwert oder das Kapital dahinschmilzt. Die Kursentwicklung beziehungsweise die wirtschaftliche Kraft der Firma ist vor allem maßgeblich, die Dividende ist ein angenehmes Zubrot – nicht mehr.

Rendite und Risiko

»Der erfolgreiche Investor hat sehr viel Geduld,
er kauft weit unter dem fairen Wert und
verkauft weit über dem fairen Wert.«
Warren Buffett

Um den alten Spruch zu zitieren: »Das ist im Prinzip einfach, aber keineswegs leicht …« Der faire Wert ist nicht immer so klar zu definieren, wie man das gern hätte, auch hier gibt es eine Bandbreite an Vermutungen.

Rendite und Risiko sind korreliert. Es ist eine Binsenweisheit, dass Sie eine höhere Rendite nur bei einem entsprechend höheren Risiko erzielen können. Im Bereich der Geldanlage haben Sie daher eine vergleichsweise geringe Rendite bei Festverzinslichen oder Rentenpapieren, eine höhere bei etwas riskanteren Anlagen – etwa am Aktienmarkt oder bei unternehmerischen Beteiligungen. Solange die Korrelation stimmt und die wahrscheinliche Rendite mit dem zu tragenden Risiko wächst, ist dagegen wenig einzuwenden.

Aufpassen müssen Sie aber, wenn Sie bei riskanteren Anlagen, wie das nun mal auch Aktien sind, eine Rendite akzeptieren, die für das zu tragende Risiko zu gering ist. Das ist am Aktienmarkt dann der Fall, wenn Sie für ein Papier mit mäßigem Gewinnwachstum ein sehr hohes KGV akzeptieren, das bestenfalls getragen ist von der Hoffnung auf wachsende Gewinne. Sie müssen verdammt gute Gründe haben, wenn Sie zum Beispiel im Jahr 2000 für ein Papier wie MLP ein KGV von rund 100 akzeptieren oder für Amazon oder Yahoo KGVs von deutlich über 150!

Obwohl die Firmen vermutlich in Ordnung sind, sind sie zu teuer bezahlt und ein mögliches Gewinnwachstum ist auf Jahre hinaus eingepreist.

Sie können sich am Aktienmarkt so defensiv verhalten wie ein Skifahrer, der nicht die Absicht hat, auf die Nase zu fallen.

Bestimmte Branchen wie Nahrungsmittel oder Pharma sind sehr sichere Häfen: Konsumiert wird immer und auch am medizinischen Fortschritt wollen die Menschen in Form von guten Pillen immer teilnehmen.

Bei Firmen wie Nestlé oder Unilever im Konsumbereich oder deutsche Schering, jetzt von Bayer übernommen, GlaxoSmithKline oder Novartis im Pharmabereich sind Sie immer auf einer sehr sicheren Seite, wenn Sie sie zu vernünftigen Preisen kaufen – also dann am besten, wenn die Börsenstimmung schlecht ist.

Wenn Sie mehr Nervenkitzel suchen, legen Sie sich Philip Morris – jetzt Altria – ins Depot und kaufen die am besten dann, wenn wieder mal ein Typ versucht, aus der Firma einige Millionen Dollar rauszuleiern, weil er angeblich als Einziger der Nation nicht mitbekommen hat, dass Rauchen schädlich sein kann. Die Dividendenrendite bei Philip Morris ist reichlich. Wenn Sie von diesen Papieren über einen ordentlichen Packen verfügen, können Sie davon leben (allein von der Dividende!).

Interessant ist die Tatsache, dass es die Tabakfirmen und da besonders Philip Morris in den letzten Jahren immer wieder geschafft haben, trotz widriger äußerer Umstände (ständige Gerichtsverfahren, Stimmungskampagne gegen die Raucher ...) ihren Gewinn pro Aktie regelmäßig und erheblich zu steigern.

Höhere Renditen können Sie mit Glück erzielen bei unternehmerischen Beteiligungen. Darauf will ich nicht näher eingehen, weil Sie diese entweder sehr gewissenhaft und exakt prüfen müssen, um sich am besten selbst ein genaues Bild zu machen, oder Sie brauchen einen extrem seriösen Berater. Und selbst der kann danebenliegen. Die Seriosität eines Beraters ist da wichtiger als noch so ausgefeilte Verträge. Lassen Sie sich davon nicht blenden. Bei jedem Vertrag gibts irgendein Schlupfloch, das Sie als relativer Laie als solches nicht erkennen.

Hüten Sie sich davor, zu billig einzukaufen! Für gute Dinge gibt es keine Schnäppchenpreise, am Markt schon gar nicht. In den allermeisten Fällen ist es besser, einen ordentlichen Preis zu zahlen, die Aussichten auf ein gutes Produkt sind dann einfach besser.

Bei Diamanten spricht man beispielsweise von Investmentqualität – nur die allerbesten Qualitäten lassen sich einigermaßen gut wieder verkaufen. Bei Aktien ist das nicht anders. Diese Situation wird gut beschrieben von John Ruskin:

> »Es gibt kaum etwas auf dieser Welt, das nicht irgendjemand ein wenig schlechter machen und etwas billiger verkaufen könnte; und die Menschen, die sich nur am Preis orientieren, werden die gerechte Beute solcher Machenschaften.
>
> Es ist unklug, zu viel zu bezahlen, aber es ist noch schlechter, zu wenig zu bezahlen. Wenn Sie zu viel bezahlen, verlieren Sie etwas Geld, das ist alles. Wer dagegen zu wenig bezahlt, verliert manchmal alles, da der gekaufte Gegenstand die ihm zugedachte Aufgabe nicht erfüllen kann.
>
> Das Gesetz der Wirtschaft verbietet es, für wenig Geld viel Wert zu erhalten. Wer das niedrigste Angebot annimmt, muss für das Risiko, das er eingeht, etwas hinzurechnen. Und wer das tut, hat auch genug Geld, um etwas Besseres zu erhalten.«
>
> *John Ruskin, schottischer Sozialökonom (1819 – 1900)*

Diese Aussage gilt uneingeschränkt und ganz besonders für den Aktienmarkt und dort für Qualitätsaktien. An der Qualität dürfen Sie keine Abstriche machen, beim Preis können Sie schon mal die Gunst der Stunde nutzen.

Sie können allerdings Ihr Risiko deutlich minimieren durch die Langfristigkeit Ihrer Anlage. Dazu gibt es bestechende Untersuchungen:

Malkiel hat festgestellt, dass langfristige Anleihen eine Durchschnittsrendite von etwa 5,7 % gebracht haben über die letzten 72 Jahre. Auch der Kurs einer Anleihe kann in Abhängigkeit von den Zinssätzen stark schwanken. Das heißt: Wenn Sie eine Langfristanleihe zu einem definierten Zinssatz gekauft haben, wird der Kurs dieser Anleihe massiv nachgeben, wenn die Marktzinsen steigen. Wenn Sie jetzt gezwungen sind, zu verkaufen, dann haben Sie auch mit Anleihen einen kräftigen Kursverlust eingefahren. Sie können auch mit Anleihen »spekulieren« und dabei ordentlich baden gehen.

Mein eigenes Depot besteht aus zirka 60 Aktien. In seltenen Fällen habe ich Aktien verkauft und die Gelegenheit genutzt, um Schulden zu tilgen. Sämtliche dieser verkauften Aktien stehen heute wesentlich höher als vor rund 10 Jahren, beispielsweise IBM, Medtronic, Schering etc. Das war mir damals schon klar. Eine solche Gelegenheit zur Schuldentilgung sollten Sie sich unter Umständen nicht entgehen lassen, weil Sie dann so wunderbar schlafen können und nach Kostolany durch Ihre Gemütsverfassung eher im Lager der »Hartgesottenen« sein werden.

Jeder Steuerberater und viele Banker können Ihnen vorrechnen, dass dieses Vorgehen zumindest nicht steueroptimal ist, und sie haben recht mit diesem Einwand. Trotzdem ist ein ruhiger Nachtschlaf unendlich viel wert, auch wenn nicht der letzte Euro ausgereizt ist. Wenn Sie schuldenfrei sind, dann sind Sie wie oben angeführt in Kostolanys Sinne ein »Hartgesottener«. Das Auf und ab der Märkte kann Ihnen dann so egal sein, dass Sie nicht in Panik geraten, niemals einen Notverkauf durchführen müssen und dann Aktien einkaufen können, wenn sie keiner haben will – also für einen Apfel und ein Ei.

Bei Aktien nimmt das Risiko stark ab mit zunehmender Haltedauer. Nach Malkiel und nach eigenen Erfahrungen kann ein großer Teil des Risikos eliminiert werden, wenn man eine lange Haltedauer anstrebt, das heißt, eine sehr konsequente Buy-and-Hold-Strategy verfolgt. So hätte ein vernünftig diversifiziertes Aktiendepot von 1926 bis in die 90er-Jahre eine Durchschnittsrendite von 11 % erzielt. Dafür musste der Investor erhebliche Kursschwankungen aushalten beziehungsweise aussitzen.

Auch die demografischen Veränderungen, die derzeit als Menetekel an die Wand gemalt werden, und die Tatsache, dass die Babyboomer-Generation in den nächsten Jahren in die Rente geht, wird an dieser Tatsache mit hoher Wahrscheinlichkeit nicht viel ändern. Wir haben global gesehen immer noch einen erheblichen Bevölkerungszuwachs und auch die Menschen im asiatischen Raum wollen Auto fahren und konsumieren, sodass der demografische Effekt möglicherweise nicht nur kompensiert, sondern sogar überkompensiert werden könnte.

Bei langfristiger Anlage und nach sehr langfristiger Erfahrung verhält sich die Rendite wie eine gedämpfte Schwingung in der Physik: Bei einer Durchschnittsrendite von 11 % kann sich nach einem Jahr eine Schwankung von 50 % über und rund 25 % unter dem Einstandspreis ergeben. Nach fünf Jahren kann im besten Fall eine durchschnittliche Jahresrendite von 24 % gegen 2 % minus im schlechtesten Fall festgestellt werden. Nach 10 Jahren wurde im besten Fall eine Jahresrendite von 20 % gegen 1,25 im schlechtesten Fall ermittelt. Nach 25 Jahren Haltedauer nivellieren sich die Unterschiede von Best Case zu Worst Case auf 13 % gegen 7,9 % (nach Burton G. Malkiel).

Selbst wenn Sie zur denkbar schlechtesten Zeit einsteigen und Höchstkurse bezahlen, wirkt sich schlechtes »Timing« nicht mehr sehr stark gegen Sie aus.

Daher werden Sie im Gegensatz zur Meinung vieler Berater Ihre sorgfältig ausgesuchten Aktien so wenig verkaufen wie der Bauer sein Saatgut. Technische Hilfen wie Kaufsignale oder Verkaufssignale sind für Sie von sehr untergeordneter Bedeutung. Und wenn Sie irgendwann Zweifel beschleichen, dann schauen Sie nicht in den Kursteil der Finanzzeitungen, sondern lesen Sie besser die Unternehmensnachrichten, die ohnedies viel wichtiger sind, oder machen Sie sich Gedanken über die weitere gesellschaftliche Entwicklung, um daraus Entschlüsse abzuleiten.

Irgendwann wird der Tag kommen, an dem Sie kein Gehalt mehr beziehen oder nicht mehr arbeiten können oder – hoffentlich – wollen. Dann brauchen Sie ein paar Anlagen, die etwas abwerfen. Das ist der einzige Grund, weshalb Sie eventuell einen Teil Ihres Portfolios umschichten sollten in Investments mit regelmäßigen und kalkulierbaren Erträgen.

Wenn Sie aber auf großen Paketen von dividendenstarken Aktien wie Philip Morris/Altria, HSBC, Aegon oder GE sitzen, dann kommen von daher ordentliche Dividendenströme. Zudem haben die eben genannten eine durchaus negative Korrelation, sodass Sie entsprechend Ihrem Temperament oder Ihrer Risikobereitschaft agieren können.

Schlusswort

»Alles ist vergänglich. Nichts ist auf Dauer, weder eine Hausse noch eine Baisse. Als Faustregel gilt: Eine Hausse dauert etwa dreimal länger als eine Baisse. Vergeuden Sie nicht ihre Zeit mit Timing, sondern nutzen Sie Baissen für Käufe.«
Gottfried Heller

In der Ehe können Sie sich gelegentlich Kapriolen leisten, obwohl das auch hier teuer zu stehen kommt. Im Bereich der Aktienanlage muss gelten: Nur dauerhafte und langfristige Engagements sind erfolgversprechend.

Möglicherweise holen ausgebuffte Profis für Sie ein paar % an Rendite mehr heraus. Aber Sie sollten sich fragen, ob der Mehrerlös durch die vermehrten Kosten nicht wieder aufgefressen wird. Und Sie müssen sich weiter fragen, ob Profis immer entsprechend Ihrer Interessenlage handeln. Mehr Rendite können Sie – manchmal – erzielen, wenn Sie ein höheres Risiko eingehen oder wenn Sie sich stark verschulden. Eine solche Luftnummer kann schiefgehen, wenn Ihr Einkommen unter Umständen geringer wird oder sich Ihre steuerlichen Rahmenbedingungen verändern. Wie bei einer sehr teuren Stereoanlage bekommen Sie nur einen geringen Mehrwert für einen ungleich größeren Aufwand. Sie dürfen also ohne Weiteres etwas schlechter sein als die Profis. Wenn Warren Buffett pro Jahr einen Gewinn von 20 % erzielt, sollten Sie mit 10 % pro Jahr durchaus zufrieden sein, zumal dieser Gewinn regelmäßig steuerarm erzielt werden kann.

Ihr Vorteil als Privatanleger besteht darin, dass Sie den »Luxus der Marktferne« (Bernd Niquet) für sich beanspruchen können. Das heißt, während die Profis einem Börsensturm voll ausgesetzt sind und stark in Versuchung geraten, auch bei tiefsten Kursen noch zu verkaufen, erfahren Sie sowieso zu spät von solchen Dingen.

Sie können sich zurücklehnen und das Ende des Unwetters abwarten. Interessanterweise waren es in den letzten Jahren nicht die oft gescholtenen Kleinanleger, sondern die Profis, die Panikverkäufe tätigten! Ihr Performancedruck zwingt sie dazu, tätig zu werden. Auch diesmal ist es aber so wie immer und der Satz »Diesmal ist alles anders« ist – wie schon immer – nicht zutreffend. Schon aus diesem Grund muss Ihre Strategie eine langfristige sein.

Denken Sie dran, dass das Thema eine immerwährende intellektuelle Herausforderung ist. Sie können am Strand oder wo auch immer Ihren Überlegungen nachgehen, Zusammenhänge werden für Sie interessant, die für Sie früher unwichtig waren.

Daher, seien Sie selbst der Sachwalter Ihrer Interessen!

Ihr Vorteil als Privatanleger

»Bei Pessimismus kaufen. Der Pessimismus ist die häufigste Ursache für niedrige Börsenkurse; je größer der Pessimismus, desto niedriger die Kurse. Nutzen Sie diese Gelegenheit zum Kauf!«

Gottfried Heller

> Sie müssen nicht tagesaktuell informiert sein.
> Sie müssen nicht in der Herde mitlaufen.
> Sie werden nicht mit einer ominösen Benchmark verglichen.
> Sie können Krisen aussitzen.
> Sie können sich den Luxus einer eigenen Meinung leisten.
> Sie können sich den großen Vorteil der langfristigen Planung leisten.
> Sie müssen nicht immer tätig sein.
> Sie stehen nicht unter monatlichem Performancedruck.
> Sie können Entwicklungen abwarten.
> Sie können sich Transaktionskosten in hohem Maße sparen.

Zusammenfassung

Bei Ihrem Vermögensaufbau werden Aktien eine Hauptrolle spielen. Immobilien, Versicherungen und Festverzinsliche sind als Beimischung zu verstehen.

In Ihr Depot gehören vorwiegend große, sichere Blue Chips mit langjähriger solider Gewinnentwicklung.

Kleinere Titel können lukrativer sein, aber der Rechercheaufwand für Sie ist größer.

Streben Sie nach einem effizienten Depot, suchen Sie Titel mit negativer Korrelation.

Finanzzeitungen müssen Sie lesen, damit Sie wissen, was die anderen machen. Dann tun Sie das Gegenteil.

Was Analysten schreiben, dürfen Sie nicht sehr ernst nehmen.

Eignen Sie sich eine langfristige Betrachtungsweise an.

Achten Sie auf sinnvolle Diversifikation mit negativer Korrelation.

Unterschätzen Sie nicht den Dividendenertrag.

Sie sind selbst der optimale Vertreter Ihrer finanziellen Interessen.

Nutzen Sie Experten-Know-how, entscheiden Sie selber!

Zusammenfassung für Privatanleger, die »nichts« tun wollen, aber ein aktienbasiertes Vermögen anstreben

In diesem Fall legen Sie sich einige Indexfonds zu, die folgende Bereiche abdecken:

1. Nordamerika mit 35 % – zum Beispiel Lyxor ETF S & P 500, der die Aktien der 500 größten börsennotierten US-amerikanischen Unternehmen umfasst.
2. Europa mit 35 % – zum Beispiel den Lyxor ETF DJ Euro Stoxx 50, ausschüttend, der sich am genannten Index orientiert, oder breiter: den iShares DJ Stoxx 600, ausschüttend, der sich an einem starken europäischen Markt orientiert.
3. Den asiatischen Raum mit etwa 15 % – zum Beispiel den Lyxor ETF MSCI India mit ISIN FR0010361683 oder den WKN LYXOBA mit jährlicher Managementgebühr von 0,85 % und LYXOR ETF China Enterprise mit ISIN FR0010204081 oder den WKN AOF5BW mit jährlicher Managementgebühr von 0,65 %.
4. Einen Fond, der die Emerging Markets abdeckt mit etwa 10 % über den DWS Emerging Markets Typ O, ausschüttend.
5. Afrika mit etwa 5 % – zum Beispiel mit dem Lyxor ETF Pan Africa, ausschüttend.

Damit werden Sie knapp unter der Marktrendite bleiben – aus zwei Gründen:

1. Einige geringe Kosten fallen auch bei Indexfonds an in der Größenordnung von 0,2 bis 0,8 %.
2. Hohe Renditen werden bei kleinen Firmen erzielt. Diese sind in Indexfonds üblicherweise nicht ausreichend berücksichtigt.

Der Renditeunterschied zur Marktrendite wird unerheblich sein, Ihre eigene Rendite mit Wahrscheinlichkeit besser als bei aktiv gemanagten Fonds.

Im Übrigen gehe ich davon aus, wenn Sie das Geschehen für einige Zeit betrachtet haben, dass es Sie dann eben doch in den Fingern »jucken« wird, etwas mehr selbst zu machen. Dafür sind in diesem kleinen Buch nunmehr genügend Hinweise zu finden.

Ganz zum Schluss muss ich noch einen Experten zu Wort kommen lassen, der einiges auf den Punkt bringt. So schreibt Fred Schwed, Verfasser des Klassikers *Where are the Customers yachts?* sehr zutreffend:

»Man muss Anleihen kaufen, wenn sie allgemein unbeliebt sind, und man muss Aktien kaufen, wenn sie allgemein verabscheut werden. Ich nehme an, dass es tatsächlich ein paar Leute gibt, die so vorgehen, obwohl ich nie das Vergnügen hatte, einen von ihnen zu treffen. Ich nehme das an, weil irgendjemand die Aktien gekauft haben muss, die von den Idioten an der Börse zu grausam niedrigen Kursen abgestoßen worden sind.«

Wie wahr in der heutigen Zeit! Es kann nur bedeuten, dass Sie sich vom allgemeinen Pessimismus eben nicht anstecken lassen dürfen und die gedrückten Kurse allenfalls zu Käufen nutzen sollten.

Fred Schwed schreibt in gleichem Sinne:

»Wenn die Verkaufspanik zu einer nationalen Katastrophe wird, verkaufen Sie Ihre Anleihen und kaufen Aktien. Die Aktien werden weiter fallen, aber auch das braucht Sie nicht zu kümmern. Warten Sie einfach auf die nächste Hausse … und Sie werden das Vergnügen haben, als reicher Mann zu sterben.«

Dem ist nichts mehr hinzuzufügen.

simplified

Stichwortverzeichnis

Ziffern
3M 153

A
Abgeltungsteuer 50
Afrika 40
Ahlers 116
Ahold 129
Alcon 126
Altana 43
Altria 128
Analysen 65
Angebot und Nachfrage 18
Anglo American 143, 154
Anlagehorizont 48
Anlageklassen 48
Anlagestrategie 22
Apple 107
Assetklassen 48

B
Baruch, Bernard M. 109
BASF Chemie 146
Bayer 133
BHP 143
Blue Chips 83
Bombardier 139
Börsencrash 91
BP 82
BRIC-Staaten 39
Buffett, Warren 36, 64

C
Canon 138
Carry Trades 174
Charttechnik 26
Coca-Cola 39, 142

D
Danone 127
Derivate 174
Diamanten 143
Diversifikation 115
Dividenden 187

E
E.ON 137
Experte 10
Exxon 41, 82

F
Festverzinsliche 63
Fielmann 114, 144
Fisher, Ken 82
Fondsmanager 111, 160

G
General Electric 67, 131
Gewinnmitnahmen 85
GlaxoSmithKline 134
Gold 92, 148

H
Hedgefonds 163
HSBC 132

I
IBM 41
Immobilien 19, 92, 176, 178
Indexfonds 119, 149

J
Japan 104
Johnson & Johnson 140

K
Kaufgelegenheit 35
KGV 121
Kiener, Helmut 163
Konsumtitel 43
Kostolany, André 31
Krieg 106
Kursziel 85

L
Large Caps 116
Lebensversicherungen 181
Leerverkäufe 91
Leeson, Nick 30
Lynch, Peter 82

M
Madoff, Bernard 162f.
Malkiel, Burton G. 26
Markowitz, Harry M. 115
Marktes, Theorie des effizienten 91
McDonald's 37, 131
Medtronic 138
Megatrend 42
Merckle, Adolf 20
MLP 62
Morris, Philip 37
Müller, Dirk 93
Münchner Rück 136
Munich Re 41, 136

N
NAV 180
Nestlé 39
Neuemissionen 184
Nikkei 104
Novartis 83, 134

O
Ökoinvestments 183
Ölpreis 12
Öltitel 82
Otte, Max 155

P
PEG 121
Pfizer 83, 139
Pharmabranche 43, 146
Probleme, temporäre 35
Procter&Gamble 156
Put-Optionen 88

R
Rational Großküchentechnik 114
Rio Tinto 154
Roche 83
Royal Dutch 82, 130
Rückversicherer 152
RWE 137

S
Schwankungsbreite 115
SDax 144

Selbstüberschätzung 23
Serienkorrelation 888
Small Cap 113
Sparpläne 186
Stop-Loss 87
Stuttgarter Aktienclub 156

T
Telekom 42
Templeton Growth Fund 160
Terrorismus 104
Theorie des effizienten Marktes 91
Timing 64
Total 82

U
Unilever 44, 138

V
Verschuldung 19
Volatilität 115

W
Wachstumsbranchen 41
Worldcom 107

simplified

Über den Autor

Der Autor ist Augenarzt in einer süddeutschen Kleinstadt und möchte sein Inkognito wahren: Viele Menschen sind geneigt, (finanziellen) Wohlstand allen möglichen Imponderabilien zuzuschreiben. Es wird einem nicht immer zugebilligt, dass man seinen Lebensunterhalt tatsächlich von Börsenaktivitäten bestreiten kann. Dieser Fall tritt ohnehin meist erst nach Zahlung eines kräftigen Lehrgeldes und Testen aller denkbaren Fettnäpfchen ein.

Nach dieser unvermeidlichen Lehrzeit ist es wohltuend und angenehm, wenn sich neben der intellektuellen Befriedigung finanzieller Wohlstand einstellt. Für die charakterliche Entwicklung ist es jedoch sehr förderlich, regelmäßig »abgewatscht« zu werden, weil Fehleinschätzungen absolut unvermeidlich sind. Das lehrt in hohem Maße Bescheidenheit und hilft, auf dem Teppich zu bleiben.

Im Laufe von Jahrzehnten der Beschäftigung mit dem Thema Börse erwirbt man nicht nur Kenntnisse, sondern vor allen Dingen Erfahrungen, die in ihrer Summe einer kompletten Ausbildung gleichkommen – mit dem Unterschied, dass der Akzent auf der praktischen Seite liegt.

Selten wird anerkannt, dass für die Vermögensbildung etwas getan werden muss, außer wenn man von Haus aus reich ist oder reich geheiratet hat. Das Geld liegt zwar auf der Straße, aber man muss sich immerhin noch bücken, um es aufzuheben. Onassis sagte, man muss dem Geld zwar nicht nachlaufen, aber doch immerhin entgegengehen.

Ein Klick –
und das Buch ist da!
www.e-bono.de
www.e-bono.de ist das E-Book-Portal im Internet. Hier finden Sie alles zu den Themen Sport und Fitness, Leben und Lifestyle, Gesundheit und Ernährung, Biografien von Stars, Liebe, Sex & Partnerschaft, persönliche Entwicklung und Spiritualität.
ciando eBooks
In Kooperation mit ciando.com